刘文秀 / 著
青岛大学商学院副教授
全冬梅 / 审订

营销学
原来这么有趣

颠覆传统教学的18堂营销课

化学工业出版社
·北京·

使用说明书

营销学大师

卡通营销学大师的形象更直观亲切。

营销学大师介绍

用言简意赅的文字介绍营销学大师的生平和作品。

全冬梅老师评注

对于营销学，每个人都有自己的见解。全冬梅老师的这种评注，权且当作引玉之砖。

营销学大师的话

营销学大师点睛的话语，展现其毕生思想精髓。

图解知识点
生动、形象地用图解式解构营销学难题,用活泼图画再现营销学场景。

参考书目
在每一堂课结束后,营销学大师会推荐一些参考书,让读者拓展知识,加深对课程的理解。

大师课堂
运用穿越时空的手法,邀请18位营销学大师逐一走进课堂,讨论与营销学密切相关的18个话题——商品、职能、区域、渠道、广告、零售、品牌、营销管理、市场、销售员、促销、应变、非营利营销、服务、客户、整合、定价、定位。

序 PREFACE >>>>

搭乘时代列车，通向辉煌的未来

营销学起源于20世纪初，到目前已有100多年的历史，但相较于哲学、历史等学科而言，依然算是比较新的学科。不过在我看来，营销学的新，还体现在不断地与时俱进、紧跟时代潮流方面。虽然其他学科也在随着时代的发展而发展，但都不及营销学发展之迅速。

举个简单的例子，2013年7月25日，微信宣布其中国大陆用户超过4亿；2013年8月15日，微信的海外用户超过了1亿，合计已达5亿用户。2014年，微信官方并未宣布用户使用量，但根据第三方观察报告可知，微信客户使用量超过6亿，其中海外用户1亿。除了微信，另一个备受人们追捧的就是微博。在新浪推出微博的短短几年之内，其注册用户也已突破5亿大关。那么，随着微信、微博等社交网络的火爆，顺势而来的就是网络营销以及相关的理论体系搭建。

众所周知，微信、微博发展至今已不再是社交网络这么简单，它们是各色商家目光的聚集地，是他们各自实战营销策略的商业舞台。在这样的舞台上，不存在距离的限制，用户注册微信后，即可与周围同样注册了的"朋友"形成一种联系。用户订阅自己所需的信息，商家通过提供用户需要的信息，以点对点的方式推广自己的产品。据统计，2014年"双十一"当天，天猫平台上的单日销售额就突破了500亿元，仅小米手机一家就实现了15.6亿元的销量……这就是互联网带来的商业革命。

时间是残酷的，它用一组组数据向我们宣布了传统的商业营销即将成为过去。如今，互联网思维基本上已经融入寻常百姓的生活中，每个人都是独立、自由的"自媒体"，每个人都能随时随地分享身边的新鲜事。与10年前相比，人与人之间的交流不再限于一对一，而是变成了群体对群体，每个人的一言一行，都可能对整个社会产生深刻的影响。因此,在这样的时代背景下,传统的营销手段已经越来越难以吸引消费者的注意力。与此同时,各大企业所面临的挑战也变得越来越艰巨,任何微小负面的消息都可能通过微博、微信的传播放大到尽人皆知。但即便是这样,只要适时调整策略,重新规划部署,依然能够搭乘时代的列车。

可是,调整策略,重新规划部署,并不是一件纸上谈兵的事。这需要营销人员系统地学习营销学理论,并在反复实践中总结出符合时代潮流的方法和经验。然而,如今一些有关营销学方面的出版物,有的理论性太强,让人无法在繁忙之余抽出时间好好研读;有的浮于表面,缺乏实质性的内容。

不过可喜的是,在这两者的"夹缝中",我"遇到"了《营销学原来这么有趣:颠覆传统教学的18堂营销课》这本书。书中"邀请"的18位营销学老师,都是西方营销学领域的资深专家,他们通过轻松幽默的授课形式,将营销学核心领域的理论知识,结合着生动有趣的新鲜案例一一道来,让人大呼过瘾。这是我阅读完这本书后的体验,也衷心希望这本书能使你得到解决营销困顿的启示,帮助你去开拓更广阔的市场,赚取更多的财富,获得更充实的人生。

青岛大学商学院副教授

前 言
FOREWORD >>>>

现代生活中营销活动无孔不入，人们已经找不到与之对应的化外净土，即便是去洗手间，人们都会在卫生纸上找到象征品牌的压痕。人们把这样的一个时代称为"商品经济时代"。围绕商品，售前、售中、售后所进行的一切经济活动，都属于营销的范畴，而生活在经济体系中的每一个人，无论在工作还是生活中，都与营销活动相关联。即便是那些视钱财如粪土的人们，也在直接或间接地为营销活动贡献着自己的力量。

由于营销质量的优劣直接影响着人们的劳动所得，因此大家对研究营销活动的学科——营销学往往也怀有浓厚的兴趣，尤其是那些直接参与到商品交易过程中的工作人员。为了响应庞大的市场对相关知识的巨大需求，学者们不断将研究所得整理成文字，并通过出版机构介绍给大众。于是，纸媒、网媒、广播全都成了营销学知识传播的渠道。高等院校中，营销课程的普及率也直追工业生产和信息技术，成为文科类专业中最热门的学科之一。

可是，高校教育模式虽然正规却并不适合广泛传播，难于向大众推广；而市面上人们最容易接触到的营销学内容，却往往高高在上。很多时候，人们接触到一种新兴的营销理论，被学术界广为推崇，但没有营销学的骨干知识做支撑，这些前沿的甚至确定有用的营销技巧却永远只能是一座空中楼阁——看起来美丽异常，即便熟稔其中，却仍然无法付诸实用。

万丈高楼平地起，只有夯实了营销学的骨干知识，才能将其中的各种结论真正学以致用。但另一方面，并不是所有人都有机会和精力去高等院校专门进修这些内容。因此，就需要有人把正统的营销学主体内容整理出来，并以大众能够理解和接受的形式进行广泛传播，让营销学的知识能够惠及更大的人群，从而促进全社会的经济运行效率，最终带给人们一个富足的人生。

本书在营销学的体系中优选了18个知识主题，基本覆盖了现代营销学的主要内容，并以这些知识点为中心，引申出与之相关的外围知识，最终发散成了18堂营销学主体课程，为大众架设了一座连接营销学骨干知识和前沿结论的桥梁。由于这座桥梁的存在，工作和生活中口口相传的关于营销学问的只言片语，都可以找到足够的支撑，从而真正发挥出它们的价值。

此外，本着寓教于乐的思想，笔者还在书中糅以虚构的人物和情节，让若干中心人物贯穿始终，以学生的身份亲历这18堂课的授业现场。主人公们性格各异，思想真实，在翻阅本书时，读者很容易在他们身上发现自己的影子。事实上，让虚构的主人公成为读者在书中的化身，正是笔者的本意。这种鲜活的代入感，将极大地激发读者学习和探究营销学知识内容的兴趣。

不仅如此，书中的18堂营销学课程均由营销学史上赫赫有名的人物"执教"。他们为了后人的幸福，不远万里从遥远的地方来到今天一所普普通通的学校，并以真实的人格魅力和深厚的学识积淀感染、教育了整整一个培训班的学员。这种国际主义的学术精神，也为后人树立了良好的榜样。

当然，任何一门学科都无法被机械地拆分成若干个独立的知识点，使人们通过对这些主题的学习就掌握其所有内容。本书介绍的18个营销学知识主题是希望为大家提供一个学习营销学的阶梯，尽可能地让阶梯更容易踏上去，并使大家在读完本书之后能够以一个更高的立足点去面对这样一个营销的世界。

CONTENTS
目 录

第一堂课　科普兰老师主讲"商品"

什么是营销/ 002

商品研究的意义/ 005

商品的选购性/ 008

商品的弹性/ 011

第二堂课　肖老师主讲"职能"

营销的元素/ 014

需求与效用/ 016

从职能到机构/ 020

关于垂直整合的讨论/ 022

第三堂课　雷利老师主讲"区域"

区域内部营销/ 026

营销区域和区域营销/ 029

区域属性的数学表达/ 031

区域营销系统/ 034

第四堂课　巴特勒老师主讲"渠道"

渠道的形成/ 038
渠道的内部组织/ 041
高效的渠道形式/ 044
渠道的定义与建立/ 047

第五堂课　艾格纽老师主讲"广告"

有趣的广告/ 052
广告的分类/ 055
如何确定广告预算/ 058
对广告效果的估算/ 060

第六堂课　尼斯托姆老师主讲"零售"

从生产到零售/ 064
零售商的分类/ 066
零售的灵魂——定价/ 069
零售业的发展趋势/ 071

第七堂课　奥格威老师主讲"品牌"

品牌的产生/ 076
品牌的价值/ 079
品牌的建立/ 080
品牌的延伸/ 083

第八堂课　梅纳德老师主讲"营销管理"

期中总结/ 086
营销管理/ 088
营销战略/ 092

第九堂课　布里斯科老师主讲"市场"

市场的中心/ 098
消费者行为/ 101
购买者的决策过程/ 103
机构购买者/ 105

第十堂课　切灵顿老师主讲"销售员"

人员销售/ 110
销售员的业务流程/ 112
销售员的素质与选拔/ 116

第十一堂课　康弗斯老师主讲"促销"

什么是促销/ 122
促销的效果/ 125
明智的促销/ 127
促销的方式/ 129

第十二堂课　法林老师主讲"应变"

营销中存在的问题/ 134
交易者权益的保障/ 135
修复社会影响/ 139
可持续的环境/ 141

第十三堂课　莱昂老师主讲"非营利营销"

对非营利的澄清/ 146
非营利性组织的营销活动/ 148
非营利性组织的运营核心/ 151
非营利营销的实施/ 154

第十四堂课　诺斯老师主讲"服务"

什么是服务营销/ 158
服务的性质和特点/ 160
服务的灵魂/ 162
服务——利润链/ 164

第十五堂课　斯科特老师主讲"客户"

客户与满意/ 168
什么是满意/ 169
满意的主观特性/ 171
客户满意度测评/ 174

第十六堂课　霍奇基斯老师主讲"整合"

企业内部的整合/ 178

渠道层面的整合/ 180

宏观环境的整合/ 184

互联网的力量/ 187

第十七堂课　托斯达老师主讲"定价"

定价的策略/ 192

定价的方向/ 194

定价的方法/ 197

价格的应变/ 199

第十八堂课　维尔老师主讲"定位"

从需求到市场细分/ 204

需求定位/ 208

竞争定位/ 210

培训总结/ 212

第一堂课

科普兰老师主讲"商品"

> 商品经济的核心就是商品。

梅尔文·科普兰（Melvin Copeland，1884—1975）

美国20世纪上半叶的经济学家、营销学家，古典营销学派贡献最大的成员。他提出的商品分类法，直到今天仍然被学术界广为称道。1924年科普兰出版了《商业原理》一书，对他此前在营销学方面进行的实践探索做了总结。

中考完毕，刘石被温州最好的高中录取了。可是喜悦过后，面对近两个月的假期，刘石迷惑了——做什么呢？

平时时间少的时候，他总是挤时间打电动游戏、郊游、运动，但时间一下子多起来，他反而不知道做什么了。在家无聊地空耗了几天，来做客的舅舅带给他一个意外的消息。

"小石头，你听说没有，你们学校最近要请来一批外教，而且教的是我们温州人最需要的营销知识呢。"舅舅眼睛都不眨地看着刘石，显然他也不确定自己得到的这个消息是不是准确。

"营销？"刘石眼睛一亮，"真的吗？"

"原来你也不知道。"舅舅神情一暗，有些丧气，"我也是从别人那里听到的传闻，不知道真实性如何。事实上，告诉我这个消息的人是把它当作笑话来讲的，因为——"

讲到这里，舅舅神情谨慎地向窗外和房门处望了望说，"据传闻这些所谓的外教是……"刘石正满怀兴趣地竖着耳朵听着呢，舅舅却就此打住，"总之，我觉得越是蹊跷的事情，越是值得我们去探究，甚至，很有可能是真实的。"

刘石不顾舅舅变得庄严的脸色，着急地问道："那些外教到底有什么特别之处？"

"你去打听一下吧，据说只要是你们学校的学生就可以去旁听。"舅舅执意把关子卖到底。他眼含笑意地看着刘石："如果是真实的，你可得告诉我一声啊！就这样，我走了！"

送走了舅舅，无聊至极的刘石转转眼珠，拨通了一个电话……

🔑 什么是营销

三天后，刘石坐在一间普普通通的教室里，和其他同学一起等待老师的到来。经过询问，他得知，确实会有一批"宗师级"的外教来给他们上课。

"事实上，"坐在刘石身旁的一个梳分头的男生小声告诉他，"学校曾经准备从全国各地选派精英来温州听他们讲课,可是这批外教却不买账,说非普通学生不教,不满足这个条件就走人。学校后来不得已,才同意先对校内开课。"后来刘石得知这个男生叫赵哲。

"对!"坐在刘石前面的女生听到他们的谈话,回头插嘴,"不仅如此,我还听家里说,能够听他们授课机会相当难得。"

女生穿着休闲,举止从容,一头乌黑的长发简单地扎在一起,模样煞是好看。刘石还没有弄清她到底是几年级的学生,就瞥见一位老者缓缓走进了教室,缓缓登上讲台。需要指出的是,这样一位老师确实在学员的意料之外:脸上布满老年斑,眼周和唇侧布满皱纹,淡色的眼球显出欧洲人的特征。

老者将手杖挂在讲台的一侧,兴致勃勃地看着台下,不住地点头:"孩子们,你们好!"学生们平日里接触外界比较少,外国人就更不用说了,刘石更是头一次在现实中看到活生生的外国人。"是什么原因让这个明显年纪很大的老人大老远地跑来中国,到温州来给普通中学生们上课呢?"心中虽有疑问,但刘石不是一个爱出风头的人,因此他选择了沉默,静待事态的发展。

"我在各位的眼中看出了疑惑。"老者的脸上被笑容充满,"不过你们无需惊讶,大家只需要专注于知识本身就行。至于老师是谁,对你们而言其实并不重要。"不知道是不是由于年事已高的原因,老者的语速和他的行动一样,都不快。刘石心中颇不以为然,这不是欲盖弥彰吗?不过转念一想,他倒是觉得,能够主动淡化自己对学生的影响,这就是传说中的虚怀若谷吧。

"我很高兴,也很激动,能来到这里为大家讲授营销学的课程。"老者迎上学员们瞪大的眼睛,"几十年了……好久没有给学生上过课了……"老者低下头,珍惜地用苍老的手指在略显陈旧的讲台上轻轻抚过,抬手间流露出浓浓的喜爱之情。

"具体来说,这节课的中心内容是——商品。"片刻过后,一堂令学生们久久难忘的课开始了。"对了,我的名字是梅尔文·科普兰。你们可以叫我科普兰,就像所有人习惯叫我的那样。"老者微笑着说道。

"商品……"刘石显然从课程的主题联想到了很多东西。他的父母是从事眼镜贸易的,大伯家在宁波从事服装生产,小叔则是杭州有名的烟酒经销商,因此刘石从小就对花样繁多的商品耳濡目染,满脑子生意经。出生在一个商人家庭,即便从未刻意地学习营销知识,他也被灌输了太多的商业理念。

"科普兰?我记得20世纪初美国有一个营销学的先驱就是叫这个名字的。"赵哲小声嘀咕道。

全冬梅老师评注

顾名思义,商品经济的核心就是商品。道理很简单,奇怪的是大多数人都意识不到这一点。

"我之所以会被要求到此给大家讲授商品知识的课程,"科普兰努了努嘴,"大概是因为我曾经在相当长的时间里负责营销学课程的教学吧……我从1912年开始在哈佛大学教授'商业组织'课程。那对我来说是一次重大的转变。"老者的眼神显示出他正处于对往事的回忆之中。

"……因为此前我一直是作为普通经济学的教师来授课的,从那一年起,我算是第一次转向营销学的专业领域……"

听到这里,刘石的眼睛瞪得大大的:"1912年……哈佛……那……不就是那个在教科书中出现过的'科普兰'吗?他……怎么可能……会在这里?"他曾预期见到任何当代的营销学领军人物,却从未想到会出现如是情况。科普兰是少数他通过预习而记住的营销学先驱之一,而且他记得的关于科普兰的一切记录都截止在了1975年……

另一方面,科普兰本人似乎也没料到学员会对自己的身份产生如此大的反应,他发现很多人眼睛直勾勾地瞪着自己看。"怎么,你们学校的工作人员没有向你们说明吗?我们,也就是这期培训的老师,都属于一个项目。嗯——"科普兰顿了一下,似乎想到了什么,"也许他们并不想让我说太多这方面的事情。算了,我们还是把精力放在营销学知识上面吧……"

此时,台下学生的表情倒是颇具喜剧效果:有些人瞪着眼睛,目光定格在这个自称"科普兰"的老者身上;有些则是左顾右盼,目露迷茫,丈二和尚摸不着头脑……

"首先,我们来关注一个问题——什么是营销?"科普兰无法向学生多做解释,只好进入正题,开始了营销学的启蒙工作。"营销的英文是marketing,它的字源是拉丁字mercatus。"说着,科普兰看了一眼台下的反应。他担心用文字溯源的方式来解释营销的定义,对这些深受东方教育影响的学生而言,是否会难于接受。不过令他失望的是,此时大部分的学员还处于震惊之中,科普兰无法确定有多少人把这些内容听进去了。

"咳咳，呃，mercari，即'买'的过去分词——"科普兰清了清嗓子，试图把学生们拉回正常的课堂思路上来，"而这个动词的最终源头 merx 正是商品的意思。"

这时，大部分学生都回过神来了。而进入了状态的学生，已经明白了科普兰想要表达的意思"营销源于商品"。那些拗口的外语字刘石虽然没有听明白，不过科普兰的意思他倒是理解了。

"与此相应的是，营销学、市场学乃至于你们所谓的市场营销学，其实都是同一个学科，即英文的 marketing。它在中文里应被理解成'交易'，即 trade。"

🔑 商品研究的意义

"因此，我们说，营销学的本质就是研究交易的学问。"科普兰终于把营销学的定义阐述完毕。"那么交易是由什么构成的呢？买者、卖者和商品本身。也就是说，在交易中，商品是处于核心地位的。"

科普兰话锋一转，把话题从理论拉到了实践："就营销学的现代发展看来，学界更多地习惯于从卖家的角度出发，把眼光放在了'如何更好地卖出产品'，即分销和销售这些问题上面，而对商品的研究，恰恰能够很好地帮助分析销售原理，提供分销方案。"

"也许有人会提出这样的疑问——作为售卖对象的商品是一种静态的事物，不具备逻辑特性，它怎么可能会帮助组织销售行为，实现更好的销售结果呢？"科普兰故作饶有兴致状，向学员提问。不过很快他就意识到了自己的错误：这些孩子和自

全冬梅老师评注

营销学可以是客观的也可以是主观的，但是绝不是单方面主观的，尽管实际中卖方财雄势大，对此投入的精力更多。

己之前所教授的学员不同,他们是高中学生,而且接受的是学科教育。自己那一套对西方教育下成长起来的研究生有效的讲解方式,对这些孩子而言,显然显得难懂了。

"咳咳……"科普兰又尴尬地清了清嗓子,"确实,商品本身不具备指导功能,但不同的商品对应的最佳销售方式是不同的,就好像路易斯·威登的皮包不适合通过社区楼下的平价市场来销售,而脑筋正常的谷物种子销售商也不会在曼哈顿开设精品店。"这样讲解的效果应该会好些了吧,科普兰想。

"作为早期营销理论的研究者,我和我所属的商品学派所秉持的理念就是每一种商品都有它最适合的销售方式。通过对商品的分类整理,我们可以得到一种'营销食谱'。在这份食谱中,每一种商品都有它所属的分类,而每一个分类后面都有与之相适应的细节性最佳销售方案。当我们建立起这样一种分类体系,并完善了这份营销食谱之后,卖者只需通过简单的按图索骥,就可以在不具备丰富的营销知识的情况下,尽可能地卖出更多的产品来获利了。"

商品学派营销食谱的应用思路

"听起来是不错的想法。"现在刘石倒是觉得,老师语速慢有一个好处,就是更容易让学生跟上他的思路。而且科普兰从教几十年,其教学方法已经被磨炼得臻入化境,学生"消化不了"授课内容的情况在他的课堂上几乎不会出现。"不过,这样真的可行吗?"他心里还是发出了怀疑的声音。在他的印象里,自家和亲戚家生产出来的商品,都不曾按照这种思路做过营销工作。他所能记起的,就只有分销商、销售员、客户经理这些职能角色。

"当然,我们对商品营销理论的研究,是从20世纪初开始的。"科普兰说得像是在做出某种"艰难的决定"。

商品分类的意义

集贸市场

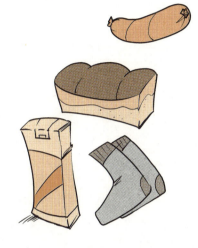

农贸市场

饮料市场

啤酒市场

营销食谱： 需要交易的商品→商品大类→商品小类→商品小类对应的营销手段

"商品分类体系最早被学界所知是在1912年，当时查尔斯·帕林提出了便利品、急需品和选购品三大类商品分类体系。因此科普兰说商品分类学说发端于一百年前，是有理有据的。不过科普兰本人提出分类方法，却是在那之后的十年了。"赵哲告诉刘石。

🔑 商品的选购性

"这么多年来，营销学一直在飞速地发展中。我和我的'同志'们——"为了拉近和学生的距离，科普兰有意使用了"同志"这个称谓，"当年提出的商品营销思想已经被更具时代特征、更新、更加有效的理论掩盖了光芒。"谈到自己的研究所得并没有在实践中取得预期的地位，科普兰表现得很自然。"但是，商品学说和职能、机构学说一起，传承到21世纪，仍然构成了理论营销学的基础。"科普兰说到这里，刘石在他的目光中察觉到了某些成分，是幸福，自信，还是神往？又或者兼而有之？

"而我提出的根据选购性对商品进行分类的思想即便在今天仍然广受推崇。"科普兰停下来整理了一下措辞，"尽管今天流行的基于选购性的商品分类形式已经有所不同，但它们都是基于当年我所提出的分类法，是对其进行适当的补充和完善所得到的。"这次科普兰的眼神中所透露出的信息已经明显得不能再明显了，那就是得意。

全冬梅老师评注

教育中要因材施教，研究时要明确类属。

"其实，你们所处的这个时代，人们同样热衷于把商品归类。比如把农产品分成粮食作物和经济作物，还有更高层面上的关于农产品和工业制成品的区分……出于机缘巧合，我手边刚好有一张贵国期货市场的商品分属图表。"说着，科普兰用投影仪在教室前方映出了一张结构图。

"很显然，这些商品被分别放在不同的市场中进行销售，也是基于某种特定的商品归类的。"科普兰解释道。

"下面我先具体介绍一下我曾经提出的商品分类法，然后顺便提一下目前在学界比较流行的商品分类法。"科普兰似乎想到了什么，一直摆动的手势明显顿了一下。之后，他又接着说道："不过，我希望各位明白，分类法就是科学本身的缩影，人们对世界的认识永远是不完善的、不充分的。今天被认为正确的理论，在未来很可能被整合，甚至推翻。至少在更广阔的领域里是这样的。"

"嗯！"刘石在心里点头同意。那么伟大的牛顿，他提出的运动定律都可以被爱因斯坦证明不适用于更广泛的领域，而在揭开宇宙发展的面纱之后，斯蒂芬·霍金也一直致力于整合牛顿力学和量子力学，试图得出适用于宇宙万物的力学理论。

"1923年，我把商品分为便利品、选购品和特殊品三大分类。"此时科普兰的话音显得很庄重，"其中便利品是指消费者认为在对该类商品进行挑选时，所付出的成本要大于挑选行为所能带来的收益的商品；而选购品则刚好相反，对选购品的挑选所能带来的收益要大于对应挑选行为所带来的成本支出。"

说完这些话，科普兰不再继续讲解，留出足够的时间让学员消化这两种最关键的商品分类的定义。等他发现学员们因迷惑而涣散的眼神重新凝聚成炯炯的眼神时，才满意地继续讲解下面的内容。

"而特殊品的分类，在今天看来，已经不适合与另外两者作为同一层次的商品类型了。"说到这里，科普兰的语速再次放缓，似乎他自己也在边讲解边思考。"不仅是特殊品，20世纪80年代，本·伊内斯和肯尼思·罗因两人把分类法套用在卖方一面，提出的四大分类体系，在我的三大商品分类之外新加入了偏好品这一分类。在我现在看来，这一分类也并不适合与前两者作为同一层次的商品分类。"谈到其他学者的理论时，科普兰显然试图使用更为谨慎的措辞。科普兰不是一个学术斗士，1924年出版了《商业原理》之后，他就从事别的经济学问题研究了，营销学已不再是他研究的焦点了。

商品的选购性

第二天去郊游，小李花了半小时在超市买齐了食品和用品，回家刚好赶上八点黄金档电视剧开始。

父母上了年纪，大刘花了两星期上网查资料，去图书馆借书，花费了大量的时间和精力查找父母所需的食品和用品，还特地去省城购买了很多东西。

🔑 商品的弹性

说完上面的话,科普兰似乎又陷入了新一轮的思想斗争之中。很显然,他在犹豫下面的内容是否该讲授给这些学员。最终,老学者对学术的追求还是战胜了对其他因素的顾虑,讲出了他的另外一种分类法,即弹性分类法。

"……依据挑选商品所产生的边际收益和边际成本的对比,我提出了选购性商品分类法。"科普兰以一种类似于诉说回忆的神情,缓缓地讲出了自己的理论认识:"虽然在当时,我甚至没有意识到这一点,但是很明显,我的分类依据是经济学中的'成本-收益理论'。但是当我后来意识到这一点之后,我又随即产生了另外一种想法。"刘石在科普兰的语气和神色中读出了庄严——那是一种对神圣的科学的敬畏。"也就是。似乎我也可以依据其他的经济学理论来对商品进行分类。这时,我首先想到的就是'弹性'。"

"经济学关于弹性的论述主要集中于价格弹性,也包括因替代性而受到影响的需求弹性。前者制约着营销活动中的定价环节,而后者可以对商品的区域分销产生影响。高弹性和低弹性的商品,它们各自最合适的营销方式很显然也会有所不同。"

> **全冬梅老师评注**
>
> 弹性是经济学中分析商品价量关系的重要概念。营销学作为经济学的一支,自不例外。

"老师,经济学中给出的影响人们决策的因素有很多,如果依据不同的因素来划分商品类别,岂不是会产生很多种分类方法?"一名胆大的男生第一个举手提问了。

科普兰讲课,与其说是在传授知识,不如说是在教导探索知识的过程。浓厚的学术气氛让学员们逐渐走出了最开始得知授课老师身份时的紧张和拘谨,彻底投入到了对知识的探求之中。直到此时,科普兰也达到了他的目的:让学员忽略自己的身份,完全专注于课堂。

"确实如此。"科普兰平静地答道。在他的眼神深处,刘石似乎能找到些许的黯然。"正因为这个原因,现代的从卖者出发的营销学研究虽然仍然考虑商品分类学，但是类似于我们那个时代的宏观分类学，在企业实际的营销活动中，因影响因素众多导致其离散性过强，在可操作性上存在明显的缺陷，已经淡出了微观营销学的视野。而微观营销学，正是现代营销学的主流。"对于一个科学家来说，最大的悲哀就在于选错了研究的方向。如果相对于目标而言，一条路是死路，那么在这条路上走得再远，都无法最终到达目标。科普兰所属的商品营销学派，本质上是宏观营销学派。营销学和经济学不同，后者需要在宏观层面上调解生产和消费，使之处于均衡效果来实现最大效益；而前者没有均衡要求，只需满足微观诉求。

"对于营销学来说，宏观研究并非正途！"科普兰的话清晰而有力，"尽管我们并不能否定营销学宏观研究的意义，但一名学者的精力毕竟有限，宏观理论方面当浅尝辄止。"

"这是一个伟大的人，敢于公正地否定自己的研究方向，而不是执迷不悟、顽固地为自己的理念摇旗呐喊。"刘石在心中对科普兰竖起了大拇指。

"我们那个时代的研究者，很多都出身教职。在学院派的思维方式和有限的微观营销经验这双重引力影响之下，我们的研究方向更多地偏向了宏观层面。"老人布满皱纹的嘴唇一分一合，吐露出的是他对自己那一代最早涉足营销学理论研究的学者的总结。"但历史不会被一小撮人定义，经济的力量最终把人们的视角扳到了微观领域。对此，我深感欣慰。"说完，科普兰微笑地看向学员们，目光平静，久久无言。

"哗……"短暂的沉默后，教室里响起了潮水般的掌声。学生们发自内心地用掌声表达对老教授的崇敬之情。

美好的时光总是那么短暂，一堂课很快结束了。科普兰已经走出教室好一会儿，但学生们依然沉浸在课堂的气氛中。他们都在回想，回想科普兰传授给他们的知识，但更多的，是品味老教授身上那种正直、高尚的学术精神……

 科普兰老师推荐的参考书

《商业原理》 梅尔文·科普兰著。1924年出版，该书是科普兰早年研究成果的大成之作。本书从实际商业活动出发，对商业组织、交易行为都有所讨论，且兼顾了商业的宏观视角和营销的微观视角，体现出著者深厚的知识底蕴。

第二堂课

肖老师主讲"职能"

需求是一切经济活动的基础。

阿奇·肖（Arch Shaw，1876—1962）

　　古典职能营销学派创立者，哈佛商学院教授。他认为商人之间出于利益的纠葛，而使相互之间的理解和合作水平普遍偏低，希望加强商人之间的交流活动，因此开始关注商业营销问题。1916年，肖写成了《商业问题的出路》一书，对自己在商业方面的认识做出了全面的说明。

夏天的温州还是有些闷热的，知了在校园的古树上吱吱叫个不停。不过，凭借展开的树冠的遮蔽，三楼的教室里，却有着难得的阴凉。只有那些星星点点穿过树冠的光线，斑驳地照在教室的地面和个别学生的身上、桌椅上，衬托着这里的安静与认真。

刘石坐在座位上，身前摆着翻开的笔记本，上面还没有字迹。顺着他的目光，可以看到讲台上，一位不苟言笑，一本正经的中年男子在黑板上圈圈点点地标注着。

"阿奇·肖，和第一堂课的老师科普兰同属于哈佛学派，专长是营销体系中的机构与职能。"刘石边听讲解，边回忆着刚刚陈艳关于这位老师的介绍。陈艳就是上一堂课他没来得及问到名字的那位清瘦的女生。据她讲，她并非温州本地人，她是从亲戚处得知这里的课程，顶替自己的堂妹来上课的。

陈艳的妹妹具体叫什么，刘石没有刻意去记，能和这位女生一起上完这十八堂营销课也是不错的……

🔑 营销的元素

"刘石，老师在提问你呢！"赵哲语带责备的提醒把刘石的思绪拉回到了课堂上。反应过来后的刘石赶忙起身，看向讲台上的老师。两人的目光在空中相遇，刘石一阵紧张。

这位肖老师，就是容易让人心里发虚，不像其他的老师那样平和，那样让人敢于亲近。面目虽不可憎，脸型也偏长，但他就是给人一种一团正气的感觉。刘石不知道别的同学对肖老师是什么看法，不过他自己是这么认为的。课后他反思了一下，还把自己吓了一激灵：自己怎么一看到这种严肃的老师就会心虚？

"这位同学，请你回答一下我刚才的问题——一次完整的营销活动，都包括哪些组成部分？"肖老师没有像一些学生们熟悉的老师那样，故意不重复自己的问题，让走神的学生傻站在那里出糗，而是按照本分推动着课业的正常进行。

"哦……"虽然没有被为难,刘石心里还是打鼓——这是让我随意发挥呢,还是他刚刚讲过了,让我总结和复述?不过刘石生性爽快,稍微顿了一下就从实际的角度列举了一下他所知道的营销环节:"有生产、运输,还有销售、售后这些。"

"嗯,这位同学说得没错。"看来肖老师对自己的回答基本满意,刘石一颗悬着的心暂时放回了肚子里。"80年前,当职能学派到达它发展的顶峰的时候,曾经有52种营销职能活动被归纳出来,不过其中的很多并不属于同一逻辑层次。现在看来,麦加利的分类法还是比较成熟的。"

> **全冬梅老师评注**
> 广义的营销不仅仅是一手交钱一手交货,还包括了货币交换前后的种种活动。

刘石知道,1950年埃德蒙德·麦加利对职能学派提出的营销职能做了总结,并归纳出六大类职能活动,即沟通、商品、定价、宣传、物流和终端这六种。不过这种分类法让他比较迷糊。

"不过,我刚刚问的是元素,并未局限在职能范畴之内,因此,这位同学的回答本身虽然不错,却是有些答非所问。"肖老师说着,向刘石微微点了一下头。"而这个问题的答案,本身就是发散的。因为从不同的视角和层面来看,构成营销的元素也不同。"听到这里,赵哲确定他发现刘石的眉头皱了起来,看来这小子似乎觉得自己被戏弄了。

"上一堂课,科普兰老师给大家讲解了商品分类学的内容,那只是系统讲解营销学的一个引子。从这堂课开始,我们正式系统地了解营销学的体系。作为开始,我们首先关注营销的源头——需求。"

🔑 需求与效用

"需求是一切经济活动的基础,营销活动自然也要服从这个规律。事实上,任何和人相关的事务都离不开需求。买者因对商品的需求而参与到交易中来,而卖者则因为对利益的需求而组织大部分的营销活动。"肖老师看了一下台下的反应，觉得学生们大致理解了自己的意思后，就继续往下解说了。毕竟，需求这种近乎哲学的概念详细说来会占用太多的课堂时间。

"与经济学中不同的是，营销学对需求的处理，不仅仅是顺应需求而实现供给，还包括在没有需求的情况下创造需求。而这刚好是营销学活动的两个大类：创造需求的活动和满足需求的活动。"循着需求的脉络，肖老师慢慢地展开了营销体系的画卷。

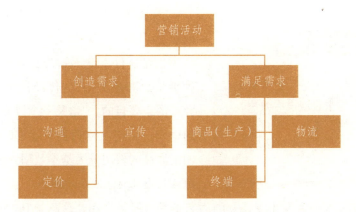

"也就是说，麦加利的职能可以归纳到以需求为判据的营销体系中去，这反过来也成了需求分类法的佐证。"

"老师，麦卡锡的4P理论[产品（Product）、价格（Price）、渠道（Place）、促销（Promotion）]不也是职能分类吗？"刘石没想到，看来文静的陈艳比自己胆子大多了，居然敢这么直接地打断肖老师的讲课。陈艳本人倒是显得很自然，似乎觉得这是一件最平常不过的事情。她目不转睛地盯着老师，等待着他的回答。

"嗯，对，麦卡锡的4P理论，即包括产品、价格、渠道和促销在内的营销体系，正是起源于早期的职能系统。"肖老师吐字清晰，不紧不慢，刘石在他的眉宇之间观察不到丝毫的不满。"这些老师把自己的姿态放得很低嘛。"刘石本以为这些神秘的老师中至少有一部分会出现那种上课的时候有一堆规矩，这不行那不行的情况，可是第一堂课的科普兰明显不是。这堂课的肖老师看起来可疑，但现在看来自己是误会他了——这么说来自己可以放心大胆地求学了。想到这里，刘石的心中一阵欢喜，腮边浮起由衷的笑意。

"不过在我看来,麦卡锡的分类法重实效而轻系统,忽略了一些基本的要素,而他的'4P'之间,也让人难以归结出作为同级元素的特征。换句话说,他只是把所在环境中,对投入而言,见效最快、收效最大的几个营销元素总结出来,提请人们重视起来罢了。"学生们中有一些了解过麦卡锡的4P理论,还是头一次听到有人从这样一个角度来评价该理论,而且品味起来还颇有道理。看着讲台上自信认真的讲师,刘石忽然觉得这个人蛮有意思的。不过话说回来,以肖老师的资格,评价职能学派的任何一位后起之秀,都是无可厚非的。

全冬梅老师评注

需求与效用是一对孪生兄弟。没有需求也就没有效用,但没有效用,需求永远也无法被满足。

"从需求本身,我们还可以引申出效用的概念。"肖本人对学生们正在心里对自己品头论足这件事毫不知情,事实上他对这种事情也并不关心,"传经送道"才是他此行的主要目的。"这是一个以商品为中心的概念。引用巴特勒关于效用的说法,我们把商品的效用分为基本效用、形式效用、地点效用和时间效用四种。"

"比如,人们需要小麦,是因为它本身可以被食用,这就是它的基本效用;另外,一旦它被研磨成粉末,那么人们就可以更方便地食用它,这就是形式上的效用。至于时间效用和地点效用,也是商品交易所必须满足的条件,就好像身在城市中的人不可能直接食用种植区收获的粮食,不成熟或者存放过久的粮食都不具备最好的营养效果一样。"

"从效用本身,我们可以归纳出针对既有需求的商品,营销体系应包含哪些职能部分这个问题的答案:事实上,每一种效用,都对应着一种以上的营销职能。基本效用对应着原始生产职能,形式效用对应着加工职能,地点效用和时间效用对应着运输职能,时间效用还对应着贮藏职能。"

"也就是说,对于营销活动,可以先按照与商品的需求的关系划分大类,再按照与实现需求的不同效用的关系划分小类了?"刘石越来越注目于陈艳这个女生了,他甚至觉得她应该属于一个更高的年龄段,并不是高中生的身份。她和很多女生不同,更愿意去思考,而不是简简单单地接受和记住知识。这一次,她不仅跟上了老师的思路,还提出了自己的总结。

"正是如此。"肖老师眼神中透出意外和惊喜,赞赏着陈艳的话,还向她不住

需求与效用

狼群的需求是肉，因此肉类对它们来说效用远大于菜；兔群的需求是蔬菜，因此蔬菜对它们的效用远大于肉。这就导致了营销结果的不同。

地点头。

"老师，你刚才说的效用，只限于存在需求的情况，也就是营销学活动中'满足需求'这个大类中，是与商品效用对应的活动效用。那么，另外一个大类呢？在创造需求这样一个大类中，又存在哪些对应的营销活动呢？"这次提问的是赵哲。刘石很佩服他的记忆力，老师已经扯这么远了，这小子还记得这部分老师没有细化讲解的内容呢。

"嗯……所谓'创造需求'，就是买者对某产品本没有需求，卖者通过营销活动使买家产生对该产品的需求。在有产品需求的情况下，我们的考量对象是商品，在没有商品的情况下，我们考量的对象就是需求本身。"肖似乎没有想到有学生不仅能跟上他的思路，还能发现按照他所讲解的知识结构，本应涉及却尚未进行讲解的内容。"这就是中国人常说的'温故而知新，可以为师矣'了吧？"肖不自觉地想着，深深地看了赵哲一眼。

"具体来讲，需求可以划分成无条件需求和有条件需求。所谓无条件需求，就是没有获取成本的需求。在没有支付成本存在的前提下，人们的需求是无限的；在有成本的前提下，当收益大于成本时，人们也会有需求。对于前者，只需要通过沟通和宣传，让买者了解有这样的产品存在，就必然会促生对应的需求；对于后者，则不仅需要进行宣传，还需要通过定价的手段，来使买者的购买成本低于产品给他们带来的收益，来促生买者对该产品的需求。"

说到这里，肖似乎联想到了什么，左侧的嘴角翘了起来。

"事实上，在某种程度上，也许你们会认为营销和谈婚论嫁很相像。一对相遇的男女发现对方可以满足自己的基本需求、形式需求、时间和地点需求，两人因此成婚；而如果他们两个没有相遇，就需要通过各自的宣传，使对方知晓自己的存在，从而促生对方与自己成婚的需求。"

刚开始刘石还没反应过来，只把最后一段内容当成肖对于需求相关的两大类营销活动细分上的总结，不过想起讲师扬起的眉头和抑扬顿挫的语调，他终于明白过来——原来肖老师也会开玩笑啊。不过这笑话未免冷了些，而且和知识连贯起来，隐藏得也深了些。

🔑 从职能到机构

"好了，我们已经从抽象的角度讲解了营销体系中的职能组成，下面我们来关注这些职能组分的实体化，即机构。"

"现代社会，经济职能大多由人的群体来完成。这个群体就叫作机构。在营销体系中，每一种职能都可以由一种以上的机构来完成。事实上，最初促生机构理论产生的，是人们发现商品的价格比他们希望的高。人们普遍把这归咎于商品在营销体系中流转时，经手的机构过多导致的。"

"对对对！我们家现在都在网上买东西，据说网上东西之所以便宜，就是因为省去了很多经手的机构。"不知道是受到陈艳言行的鼓励，还是网购经历太过美好，挨着陈艳坐的短发女生插了一句。

全冬梅老师评注

职能是一个抽象的概念，而机构则是职能有形化的结果。

"但是事实真的如此吗？"肖老师一句话就让短发女生泄了气——好容易发回言，这可好，看架势有被用作反例的趋势啊。

"20世纪初的美国，城市化的速度很快。很多原本从事农业生产的人群一批批迁居到离家不远的城市里，却发现这里的农产品价格要远高于自己家乡农产品的价格。明明离得这么近，为什么价格高出这么多？"

"是啊。"肖老师提到的价格问题，引发了刘石的联想。"我也纳闷，为什么二线城市明明离产地更近，菜价却高于一线城市……"他托着下巴，等着老师下面的讲解。

"后来，人们发现，自己之前总是习惯自己生产这些农产品，或者直接去其他生产者手中交换，期间不会经过中间环节，但是一旦进入城市，就面临多重营销职能和营销机构的加价。因此，人们得出一个结论：营销机构会降低自己的经济收益。也就是说，农产品在其原产地的价格更低，是因为没有营销机构的参与，而城市里的农产品营销中，有了营销机构的参与，在这些农产品滚过营销链条、被摆上货架之前，已经粘上了更多的成本负重。"

"当民众中对营销机构会增加最终产品售价的质疑声开始动摇营销机构存在的正义性时，为了回答这些不满，一些营销学者开始致力于解释营销机构对营销体系效率的影响。威尔德是机构学派的奠基人，他在1916年出版了《农产品营销》一书，里面提到，营销机构的存在虽然表面上看起来是蚕食了生产者和消费者的共同收益，实质上却加强了贸易，扩大了两者因贸易而获得的好处，因此总体来说，中间商的存在是有利于市场结果的。并且，越是顺应市场需求，越是高效的职能机构，也就越能够为市场带来效率。当机构的效率足够低下，以至于它的存在会不利于市场结果，那么它也就不会存在了。"

"这样啊。"刘石似懂非懂，"可是二线城市大多离产地更近，为什么菜价会更高呢？"

"有时在农产品流通时会出现这种情况，离产地更近的小城镇相应产品的价格会高于大城镇，也是因为一方面其从原产地直接采购农产品的机构效率不高——这很多时候都是因为竞争不足；另一方面如果它们选择从中心城市间接采购，那么营销机构总效率也必然不会更高，因此农产品的最终售价也就很难定得更低了。"

"可是，如果机构的存在会提高市场效率，那么为什么在电商平台买东西却会更便宜呢？"看也不看身旁大点其头的刘石，赵哲若有所思地问道。

"刚才说过了，越是高效的职能机构，就越会对提高市场效率有帮助。电商平台之所以能够成功，也是因为它更加高效。营销机构的组合是否高效，与机构数量并不确定相关，这要看具体的情况。"

🔑 关于垂直整合的讨论

全冬梅老师评注

垂直整合与外包协作，鱼与熊掌不可兼得。选择哪个，就要具体问题具体分析了。

"比如，零件标准繁多、原料复杂，定制性强的汽车产业，同一家企业负责从零件生产到整车装配，可能带来更高的效率。在这种情况下，同一家企业负责从零件到整车生产带来的管理成本上升，会被零件生产外包带来的成本增加抵消掉。"肖老师顿了一下，清了一下嗓子，"但是如果这家企业还想涉足钢材的冶炼和整车的零售，那么它的管理成本将大大提高，并且提高的成本无法被原料和零售环节带来的成本降低所抵消。而其背后的原因还在于，零件生产的竞争要远低于原料生产和零售环节。"

"也就是说，营销模式的高效与否，关键在于竞争？"

"嗯，技术上的东西，大家都可以实现。比如，电商平台的搭建。但是营销环节的竞争，却绝非一朝一夕能够实现的。比如，一国的水电燃气都由国有企业统一供应，其间不存在竞争，就算放诸电商平台，价钱仍然是下不去的。"

"当然这里面的竞争是产业链上的竞争，一般消费者是感觉不到的。消费者能直接感受到的，一般仅限于终端消费品的市场竞争。一旦产业链上的竞争带来的效率提高，足以抵消中间生产企业从产业链获取的收益，那么该环节上的垂直整合就可以被替代了。不过汽车产业的上游零件定制性太强，新晋车企的号召力弱，这时参与该车企定制零件的供应商就少，使得竞争不强，以至于这些车企会转而选择垂直整合式的生产模式。"

肖老师的话

需求是一切经济活动的基础，营销活动自然也要服从这个规律。事实上，任何和人相关的事务都离不开需求。买者因对商品的需求而参与到交易中来，而卖者则因为对利益的需求而组织大部分的营销活动。

"老师，您刚才讲了，同一营销职能可以分摊给一个以上的机构来完成，那么垂直整合就是同一机构负担一个以上营销职能的例子了？"事实证明，刘石是个不甘落后的孩子，定定心神，他终于发言了。

"正是如此。我刚要把这两者联系起来，真想不到你们已经领悟到了。当然，垂直整合是同一机构负担一个以上营销职能的特殊案例。因为一般来讲，垂直整合模式的机构，往往都会集多个营销职能于一身。而更多的情况下，一个营销环节上的机构，能够同时担负的营销职能并不会太多，那太考验这个机构的管理能力和资本运作能力了。因此，人们会发现，那些实行垂直整合模式的营销机构，其规模往往都非常大。"

"呵呵……"赵哲的眼睛睁得很大，他发现刘石被夸奖之后，脸上居然多了一些红晕。"这家伙还这么害羞啊！"

"好了，既然同学们都这么聪明，也应该猜到下课的时间到了。至于作业……"肖老师眼中掠过狡黠，"考虑到各位的智商颇高，就免了吧！"

"耶！"伴随着响起的下课铃声，同学们欢叫起来……

肖老师推荐的参考书

《商业问题的出路》 阿奇·肖著。20世纪早期,营销活动蓬勃发展,刺激了营销学的进步。但一开始,营销实践落下营销学理论一大截距离。早在1912年,肖在《经济学季刊上》发表文章,提出了营销中分销的若干问题。此书则是多年以后,作者对相关问题给出的解答。该书给出的结论在当时是十分先进的,因此受到了营销界的广泛关注。

第三堂课

雷利老师主讲"区域"

> 为什么有些产品适合在特定区域内部销售,有些则可以拥有广泛的市场呢?

威廉·雷利(William Reilly,1899—1970)

雷利的贡献集中在对零售商的影响范围的数学建模上。他提出的零售引力法则,为后人在此方面的研究提供了方向和指引。从他开始,零售学成为营销学中最富理论支持的分支之一。

星期二的早晨，刘石很早就起了床。他在父母惊奇的目光中狼吞虎咽地吃完早餐，骑车奔向校园。今天天气很好，背后清爽的东南风一路陪着刘石。他在楼下锁车的时候心里想着：今天会是怎样一位老师来上课呢？会不会很有趣？

答案很快揭晓了。因为，雷利老师已经到了。

区域内部营销

雷利看起来已经有四五十岁的样子，却长得憨态可掬。虽然怎么看他的嘴咧得都不那么灵敏，和学生却好像有说不完的话。像国外的一些年轻老师一样，雷利没有坐在讲台上，而是在学生中间挑了一把空椅子，坐下和周围的学员闲聊。他刚开始时用英语，后来英汉结合，最后汉语成了大家交流的主要语言。

"嘿，刚到的同学，路上如何？"坐在两排开外的雷利看到刘石和赵哲凑在一起，伸头向他打招呼。

"嗯，不错，挺凉快的。"刘石没想到老师会转向自己，有点儿反应不过来。"啊，是的，我是本地人，今年刚刚初中毕业……是骑车来的……家里不算太远……呵呵呵……"

"嗯，对，今天的主题是区域，区域营销。具体来讲，关注区域内部营销、区域间营销、区域营销系统和这些知识的数学化。"有学生向雷利询问这堂课的内容，把这位亲民的老师的思想拉回到了学术上来。很显然，这位学员是想先预习一下，而雷利似乎会错意了。他看了看手表说："行，时间也快到了，那我们就开始吧。"说完，他站起身，走到讲台，正式向学生们打了招呼。

"我是威廉·雷利，今天给大家讲一下有关区域营销方面的内容。"雷利的长相给人一种很诚恳的感觉，对笑点低的人来说甚至带有某些幽默因素，因此很容易吸引学生的注意。因此，学生们进入状态的速度也比之前要快。

"前面大家学习过了商品和营销的职能系统知识，这节课我们关注一个具体的问题——营销的区域属性。"雷利侃侃而谈。"在座的帅哥、靓女们虽然还在上学,但是想必多少也曾发现,有部分商品只在本地或邻近的几座城市有售,另外一些商品则在全国各地都能买到。除此之外,各位有没有这样的经历:郊游时在市区周边买到的汽水,在市中心是找不到的?"

"啊——"前排有位学员貌似被某个现象激起了共鸣,刚要举手回答,就听见雷利继续说道,"在诺基亚手机称霸全球的时候,亮点乏善可陈的摩托罗拉手机在美国本土持续坚挺;当全球拍照爱好者为Lumia925的光学防抖系统欢呼雀跃的时候,日本用户早已对光学变焦手机失去了新鲜感。天知道日本的智能移动终端拿到国际市场上会激起怎样的抢购热情,然而日系手机走不出国门或走不远却是长久以来的事实。"

"那么,为什么有的产品适合在特定区域内部销售,有些则可以拥有广泛的市场呢?同学们,你们是怎么看的?"当雷利再次问向台下的时候,他感觉不到学生们有与自己互动的热情。"话痨"老师的嘴角咧开好久,眼睁睁地看着这些东方学生蹉跎着自己殷切的期待。

"天知道这家伙是不是又在自说自话地耍咱们。""我还是慎重为妙,免得成为大家的笑柄……"诸如此类的想法在学员们的头脑中回旋。考虑到雷利身为外国人的事实,隐藏在人们心中的民族自豪感坚守着最后的谨慎。刚刚前排抢答的学员更是神情复杂。

雷利不知道自己因为自说自话的毛病得罪了所有的学员,习惯接话的他见无人作答,还以为是自己没讲通透,于是他接着说,"正如人们所知的那样,那些只在原产地范围内销售的产品被称为'内销产品'。经过观察,人们发现,内销产品往往都具备以下特征,限制了它们在区域外的销售:不宜运输、在技术上无法与提供这些产品的企业或个人分离、易腐坏、运费高昂、在外部区域无法形成足够的竞争优势等。"

> **全冬梅老师评注**
>
> 很多人觉得,随着现代交通系统的不断发达,距离已经不是影响人们行为选择的重要因素了。其实,就目前而言,这种想法还是过分乐观的。

"不过,随着技术的进步、物流水平的提高和渠道力量的不断发达,那些纯粹内销的产品已经越来越少了。比如,各位现在能举出一些纯粹内销的产品来吗?"台下默然。不过,这次学员们倒不是故意不买账,而是他们确实没有想到什么只能内销的产品个案。

营销区域的差异

不同产品的营销区域是不同的,那些可以方便买到的产品,往往都是跨区域营销的。

🔑 营销区域和区域营销

"老师,我想提一个逻辑学上的问题,"就在大家都琢磨区域内部营销问题时,最后一排一位戴眼镜的男生举起手来,问道,"您一直在强调区域内部和外部区分的问题,但是您是否无限缩小了区域的范围。相反,如果我们把商品销售的范围看成一个区域,在逻辑上并没有漏洞。那么您之前的理论就站不住脚了。"

听到这里,刘石明白了这个同学的问题,不由地暗中伸出了大拇指:你说内部外部,你说区域,可是划分小就有外部,如果划分大的话,就全部是区域内部了。

"真是个有意思的问题啊!"雷利老师也很高兴地称赞说,"这才是研究学术问题的态度啊。"

"要注意的是,任何概念都不是孤立存在的,我所讲的区域并不是从其划分来定义的。"雷利老师挠了挠头,很显然他不擅长从逻辑学来解释问题,所以只能接着从营销学角度分析,"营销区域和区域营销是一个统一的概念。"

"先说营销区域,它是营销距离的上级概念,是决定营销策略的重要因素。"雷利认真地介绍着,似乎并不认为详细说明这个定义会显得他有多么愚蠢。"传统上,人们习惯用行政区划来简单地对应营销区域。但是精确来讲,营销区域是与贸易中心对应的概念。具体来讲,营销区域是指在多个**贸易中心**存在的前提下,必然会去某个贸易中心消费的人群所属的地域范围。"

全冬梅老师评注

> 贸易中心是一个流动的概念,其本身规模越大,所覆盖的人群也就越多。反之,人口越密集,贸易中心也就越多。

"老师,您说得好绕。其实,区域就是距离。所谓贸易中心的营销区域,其实就是它在距离上的影响力。不是吗?就好比,我和网友分别住在城市的东西两侧,在连接我们两家位置的线段上,顺次排列着三座购物中心。在其他条件相同的情况下,我必然去东边的图书馆,而他必然去西侧的图书馆。"一名学生忍不住

插嘴道。

"对!这位同学诠释得更清楚。"雷利很高兴地称赞说,"看样子他比我更适合当老师呢。"听到这话,同学们哄笑起来。

雷利老师等教室平静下来,接着讲解道:"区域是一个排他性的概念,在各个行业划分的标准都不同——反正大家如果对区域的理解存在疑问,可以类比行政区域去理解。"

老师这么一说,大家就彻底明白了,教室里响起了一片轻微的"哦"声。

见到大家都明白了,雷利就转入了另外一个话题,他敲了敲黑板,"我们现在来分析第二个概念,区域营销。"

"最开始的时候,销售者们粗略地意识到可以将销售范围划分成很多块,是

营销区域

两件同样效用的商品,价格也相同,分别在位置不同的两家贩售商处贩售,那么消费者一定会去距离自己位置更近的那一家购买。

为营销区域能更好地促进销售，后来销售者们进一步发现，这种划分很多块的方法本身也是一种销售，是为区域营销。"

刘石听到这里突然有大开眼界的感觉，自言自语道："营销区域是量，如果质变，就成了区域营销。"

"区域市场营销和企业市场营销在营销实质上是相同的，但在具体操作上，二者既有联系又有区别。就营销实质而言，二者都是以顾客为中心，围绕着顾客的需要和愿望来开展的营销活动，都要面临市场竞争并借助促销手段来追求双赢结果。区域是企业经济系统的高一层次的经济系统。"雷利老师将这种专业问题解释得非常易懂，"换句话说，区域营销因为将销售目标和市场进行了细分，那么就可以更好地进行市场调查评估，也能更好地对销售受众进行分析，分解销售计划和目标，还可以对销售过程进行监控，有着更强的针对性和可操作性。"

"老师，如果真是这样的话，那么所有销售者都会采用区域营销的方法了，为什么不可能呢？"刘石觉得老师把区域营销方式夸赞得太狠了，站起来提问说。

"别急。任何事情都是有利有弊的。"雷利老师微微笑道，"既然有区域就会有壁垒——我想前面已经有老师讲过这个概念了。从这个区域进入那个区域是会遇到障碍的，有时候销售者划分区域是不得已的。另外，只要稍微推断我们就知道这么一个'可怕'的事实——区域营销会消耗更多的人力物力，营销成本远比企业市场营销要高。"

"区域营销是一种复杂的营销方式，并不是简单地划分区域就完成了。"雷利老师开始总结道，"有哪些因素在影响一个贸易中心的营销区域的规模，或者说范围的大小。事实上，这也是我所属的营销学派——区域学派所研究的核心问题。"

🔑 区域属性的数学表达

讲到自己的过往和贡献，讲到那些并肩作战的同仁，雷利不免感叹。当然，他的感叹中是带着自豪感的。

"经过我们的不懈探究,终于发现了影响贸易中心的营销区域大小的关键因素——人口。"雷利眼中焕发着神采,可以看出通过对往事的追忆,他重温了发现的喜悦。"不仅如此,通过数学模型,我们已经完成了对营销区域的定量表达。"

说到这里,雷利好像变了一个人似的,脸上浮起从未有过的严肃。很显然,他将要讲解的,是不添加人文色彩的纯科学。"下面是1949年康弗斯提出的关于贸易中心 B 的营销区域 D_B 的数学表达式。"

$$D_B = \frac{D_{AB}}{1 + \sqrt{P_A/P_B}}$$

"其中,D_{AB} 是两个贸易中心的距离,A 和 B 分别是两座城镇,而 P_A 和 P_B 分别是这两座城镇的总人口数。"

全冬梅老师评注

有些人本能地认为,城市的大小要按面积来计算。但更多的时候,学者会偏爱用人口值作为判断指标。

写完公式,雷利的目光从教室的左侧扫到右侧:"大家觉得这个公式表达的意思是什么?"他心里已经准备好接下来要阐释的内容,不过他更愿意留出一些思考的空间给学生,以锻炼他们自己分析和解决问题的能力。

"老师,这个公式表达的是不是贸易中心营销区域对相邻贸易中心距离的占比,与该贸易中心人口对两者总人口的占比是相关的?"时间不长,前排右侧一位学员站起来试探性地问道。

"嗯,这位同学说得很对!另外,我们换一个角度来看它。"雷利摆摆手,示意该学员坐下,然后转身写出了上面公式的变形过程。

$$\frac{1 + \sqrt{P_A/P_B}}{1} = \frac{D_{AB}}{D_B}$$

$$\frac{P_B + P_B\sqrt{P_A/P_B}}{P_B} = \frac{D_{AB}}{D_B}$$

$$\frac{P_B + \sqrt{P_A P_B}}{P_B} = \frac{D_{AB}}{D_B}$$

"那么其中的意思就变得更加直观了,即相邻贸易中心的距离与个别贸易中心的营销区域的比值,在数值上就等于该贸易中心总人口与两个贸易中心人口的几何平均数的和与该贸易中心总人口的比值。"给出这个最后的结论之后,雷利又停下来,留给学生一些思考的时间。

"老师,能不能这样理解这个公式,即相邻的贸易中心的营销区域占比等于它们在人口方面的占比——只是在定量的过程中,通过几何平均的形式对总人口数进行了修正,使总人口数更接近该贸易中心人口数的2倍了?"刘石的最大特点就是懂得化繁为简。

"对,这也是我准备告诉大家的。"雷利又恢复了他的滔滔不绝,"这是一个忙碌的时代。今天你们是学生,将来你们会在社会的各行各业中从事繁忙的工作。你们将没有那么多的时间和精力来精确地记住事物乃至于其间关系的所有量化细节,这时,化繁为简就成了最简单有效的理解和记忆方式。"此时,雷利已经完全恢复了平静,如果说和之前还有什么不同,那就是对这些普通中国学生高超的智慧和理解能力的暗暗赞叹了。

"当然,这个表达式本身已经足够简单。营销学是一门实践性很强的学科,而越是与实际联系紧密的学科,影响其规律的因素也就越多。在后人的研究中,人口已经不是唯一的影响营销区域的因素了。至于具体有哪些,各位可以参考最新的营销学教科书和前沿资料。由于营销学在飞速的发展中,任何经典的认识都可能很快变得不够全面。"

"好了,前面我们讲的是贸易中心的营销区域,下面我们关注与此相关的一个问题,即一个贸易中心能够吸引多少人到那里购物。1931年,在我出版自己的《零售引力法则》一书的同时,我公布了我对这一问题的研究所得。呃,这同样也是一个数学表达式。"雷利似乎有些后悔自己在这堂课中引入了过多的数学符号和逻辑,不过看起来他又找不到更加简单直接的方式来说明这件事情,因此有那么一瞬间,刘石察觉到了他的欲言又止和欲言又止背后的无奈。

$$\frac{B_A}{B_B} = \frac{P_A}{P_B}\left(\frac{D_A}{D_B}\right)^2$$

"在这个表达式中,B_A、B_B分别代表去贸易中心A、B购物的人数,P_A、P_B、D_A、D_B的意义与上式相同。它表达的意思是……"

"贸易中心吸引的顾客数比等于两者的人口比与营销区域比值的2次幂的乘积?"坐在前排的都喜欢抢答吗?刘石看见他的同桌成了这次抢答的主角。

"嗯。当然,这个公式的象征意义多于实际意义,理由和判定营销区域的那个公式相同。不过拿你们的话来说,做学问不能一口吃个胖子,这18堂课的意义只是让大家对营销学有个清晰的认识。此外，在最初设计时，客流表达式的条件和区域表达式的条件不尽相同，只是，从现在的角度来看，我觉得把它们放在同样的条件下更容易理解。"

🔑 区域营销系统

"好了，在花这么长的时间来讲解区域的概念之后，我们终于可以进行我们的下一个环节——跨区域营销的讲解了。既然当多个贸易中心存在的时候，可能会形成排他性营销区域或者至少是部分排他的，那么如何让自己的产品突破区域的限制，就成了每个生产企业必须解决的问题。解决这个问题的对策，虽然现在看来很普通，但是分销商制度在它刚被提出时，却是一个创举。"

"分销商一般可以分为批发商和零售商。前者主要从生产者处买入货品，贩售给零售商；零售商则从批发商处进货，贩售给最终买家。现在的营销模式中，批发商对应的是营销大区，一般位于该区域的地理中心位置；而零售商则对应营销小区，用来增加贸易中心的密度，以覆盖更多的人口，对实际营销区域进行扩展。"

"老师，既然营销大区已经有经销商了，为什么不直接零售，要继续分销呢？根据刚刚讲过的理论，似乎一个大区有一个贸易中心就够了啊？"

"确实，根据上面的数学表达式，只需在贸易大区设立分销点，就可以和生产区分享所有的客户群。但是这里有一个问题，就是市场是存在竞争的，竞争对手随便在我方的销售区域中设立一个分销点，就会截走我方不少的客户。为了挽回这些被截走的客户群体，每一个生产商都希望在营销大区中有尽可能多的零售网点，这就是零售网点存在的必要性所在。"

"实际上，为了说明这个问题，我们同样可以借助数学模型。"雷利写下了最后一个公式。

$$P_{ij} = \frac{S_j/T_{ij}^1}{\sum_{j=1}^{n} S_j/T_{ij}^1}$$

营销的范围

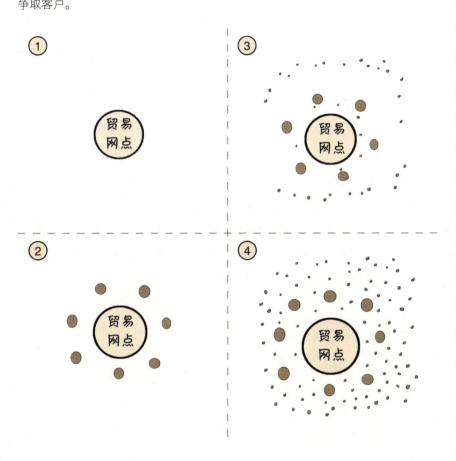

相互竞争的商业网点，不断通过增加分布密度的方式缩短客户到达时间，由此争取客户。

"该式中，P_{ij}代表一个营业网点吸引到一位顾客的概率，S_j为该网点的营业规模，而T_{ij}^l则是该客户到达该网点所需要的时间。也就是说，客户到达营业网点所需要的时间越长，那么他到该网点购物的可能性也就越低。因此，设置尽可能多的高密度零售网点，是提高客户占有率的重要手段。"

"所以，一个良好的营销系统，应包括生产商和分销商；分销商应以尽可能高的密度分布在各个营销区域中。"陈艳略思索后总结道，"可是老师，您还是没有说明为什么一定要有批发商和零售商的区分。"

全冬梅老师评注

怎样判断某一街区内部，商业网点是否过分稠密？区域营销就是回答这个问题的。

"嗯，确实，只要分销商的分布足够广泛，密度足够高，那么营销系统就足够完善了，并不是一定要存在批发商和零售商。只是在具体的实现方式上，通常有批发商的存在时，整体营销系统的效率更高，成本更低。因为批发商的地理优势让它可以更有效地协调营销大区内所有下级经销商的资源配置，而远在原产地的生产厂家却不具备这样的优势。"

"所以说，批发——零售的营销系统是成本收益核算的结果了？"

"就是如此。"雷利点头答道。

不知道是不是因为一下子出现了好几个数学公式，学员们觉得这堂课的知识中，值得玩味的内容颇多。不过下课铃总要按时响起，学生们仍沉浸在黑板上的公式上时，雷利已经悄然离开了。当学员们从思索中回转心神时，发现黑板高处的中央，雷利留下了一句话作为对他们的鼓励，这是伟大的数学家昂立·彭加勒的名言："源头茫昧虽难觅，活水奔流喜不休。"

雷利老师推荐的参考书

《**销售引力法则**》 威廉·雷利著。本书是营销学界少有的大规模引用数学方法来表达营销学规律的著作。作者致力于解释两个不同城市的商业区对居住在这两个城市之间的居民的相对吸引力。

第四堂课

巴特勒老师主讲"渠道"

> 拉尔夫·斯达·巴特勒（Ralph Starr Butler, 1882—1971）
>
> 美国早期营销学派代表人物之一，是第一个提出用"营销"一词来指代相关经济活动的学者。1910年，巴特勒出版了《市场营销方法》一书，该书成为这一时期许多学校在该领域的唯一教材。

经过前几堂课的熟悉，刘石等一班学员对这期培训的讲师们形成了一个大概的印象：他们虽然性格各异，但为人都很谦和，不存在对学生冷着一张脸扮严肃的情况。于是，学生们也逐渐淡忘了这些老师那充满神秘色彩的身份，把他们当作普通的老师，甚至有人在私底下开起老师的玩笑来。

这一天学生们来得很早，老师也没有像雷利那样早到。无聊中，众人谈论的话题转到了这堂课的讲师身上：他会是怎样的一个人呢？是老是少，是高是矮，是俊是丑？甚至还有学生猜测——"说不定会是位女士"并引起一阵兴奋的喧闹。

上课的时间越来越近，学员们不约而同地安静了下来。一些人满怀期待与揣测，关注着教室的前门；另外一些人看似若无其事地翻看着书本，但只要门外稍有一些响动就会抬头观望。

🔑 渠道的形成

就在人们快失去耐心的时候，一位身着淡色西装的老先生踏着镇定的步子走了进来。他明显富态过度，两颊有些下垂的皮肉是最好的佐证。不过他给人印象最深的不是这些，而是他那像随时准备好要教训人的脸色和秃了大半的头顶。这两者组合起来，使典型的倔老头形象又多了一个生动的诠释。

"拉尔夫·斯达·巴特勒，曾就职于宝洁公司的东区销售部，后进入威斯康星大学，任商业管理系助教。"赵哲的神情变得严肃起来。他知道，与此前的教员不同，这个人是个彻头彻尾的实战家。

"巴特勒是谁？"陈艳回头问赵哲。

"巴特勒，就是那个首先使用'营销'一词来指代相关经济活动的'营销之父'。"简洁地回答了陈艳的问题，赵哲又沉浸到对这位老者生平的追忆当中。

记忆在赵哲的脑海中渐渐地展开：巴特勒出身"草莽"，是经过真实营销工作洗礼的实干派。在宝洁公司东区销售部做经理助理的日子，让巴特勒对营销事务中的簿记、推销、广告和商法等方面有了十分细致的了解，这也影响了他后来在威斯康星授课时的风格——极为实用化。当然，一个经历过营销，从商战中心的"战火"中走出来的人，他的气质必然和那些学院派的知识分子大不相同了。

不过，巴特勒登上讲台之后，做的第一件事居然是咧嘴笑了。

"今天我来给大家介绍一下渠道方面的知识。渠道，也称营销渠道或分销渠道，是企业组织营销的有效制度。"

巴特勒似乎在礼仪方面不太上心，或者说不愿费心，讲授知识之前不预先做先铺垫，这点让学员们感觉落差很大。当然这也好理解，毕竟学员们一直接受着学院派的教育，对老师的人品、礼仪和态度已经形成了标准化的认识，对巴特勒这种充满战斗意识的个人风格必然会不太习惯。而巴特勒虽然有过长时间的教学生涯，但是他的行为风格在更早之前就已经形成了。这种略显冷酷的态度，确保了他可以随时撇下教职，投入到一线的营销活动中去。

"一开始，所谓的渠道是不存在的。生产厂家把商品制造出来以后，就自己去找终端客户。而同一产品的客户可能有很多，与每一个客户建立联系，花费了生产商大量的精力。就好像这张图片显示的一样。"说着，巴特勒从皮包里抽出一张硬纸卡。学生们甚至没有发现老师有翻找的动作，他就那样一下子抽取出来。他自己看也不看，就直接呈现给学员们。

> **全冬梅老师评注**
>
> 分销渠道是很重要的。很多优质的产品就是因为渠道羸弱而无法最终到达消费者的手中。

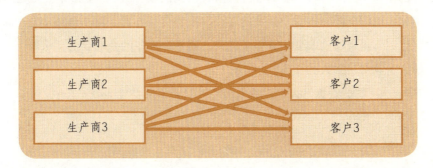

不过学员们并没有多少时间和精力来品评巴特勒"简单粗暴"的教学方法，因为这个老师的授课进度太快了。他们刚刚看清第一张图片上密密麻麻的网络，

巴特勒就把它放下了,随即又举起另外一张。

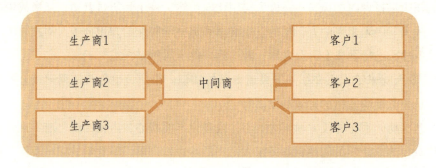

"这时,一种名为中间商的企业组织敏锐地觉察到了商机。既然生产商直接与客户交易会带来很大的成本浪费,那么,他们通过代理服务来降低企业的成本,不就可以从随之而来的企业利润上升中分得一杯羹吗?于是,他们找到生产商,和他们协商代理行为的细节,在达成一致之后,这种新的、间接的交易模式就诞生了。"

"老师,交易方式刚开始从直接方式转变为间接方式的时候,由于合作模式下反映的迟缓,交易成本的下降未必那么明显吧?那样的话,中间商是如何说服企业转向间接交易模式的呢?毕竟从生产企业的经理人的角度出发,除非十分必要,他们是不会愿意对企业的经营模式做如此之大的改动吧?"不能否认,这个教室里有很多知识狂热者,他们似乎对老师是怎样的人并不关心,无论对方给自己的感觉是怎样的,他们提问时都不会多一丝的迟疑。

"你说得对,不过,这里面有一个竞争的问题。在一个市场中,总有处于竞争劣势的企业。对于这些企业的经理人来说,他们关心的就不是守成,而是改革了。因此,他们更愿意接受中间商的建议,重建交易方式。而一旦某个生产商的竞争优势因营销渠道的改变而获得了提升,就会有更多的企业效仿,从而引起市场中所有企业交易模式的变革。"

"噢——"学员们恍然大悟,边吸气边赞叹竞争的益处无处不在啊。

中间商的作用

引入中间商,可以大大降低生产商的终端客户行销的成本,从而补贴到其他经营活动中去。

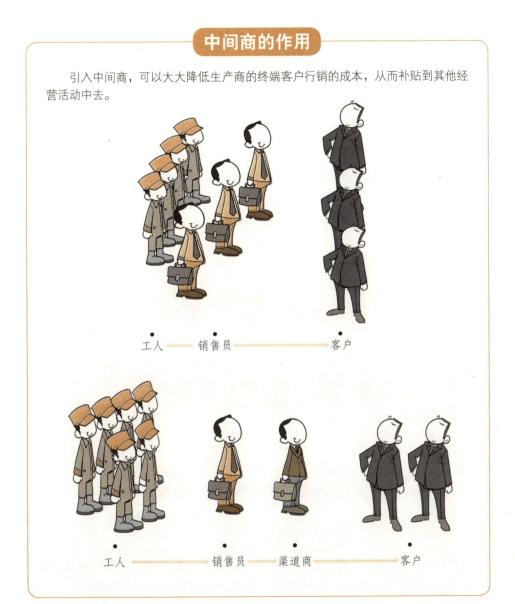

🔑 渠道的内部组织

"当然,竞争不仅存在于生产企业,其实中间商内部也存在竞争关系。正是中间商之间的竞争,促进了渠道组织形式的优化,一步步地提高着渠道的效率,从而让生产商越来越离不开渠道，以至于在今天，渠道的概念已经如此深入人心，那些不采用渠道商，直接与客户交易的生产商反而成为众人眼中的异类了。"

"在彼此之间的竞争中，渠道形式在不断地发生变化。那些更善于面对终端客户的中间商，逐渐向零售靠拢；而仓储和物流能力更强的中间商，转而提供批发服务。这样一来，营销渠道就演变成了多种形式。"说着，巴特勒又举起了一张卡片。

"这老师还真是惜字如金啊，只让我们看一下，就当我们理解了，连多说几句话解释一下图上的内容的工作都不做。"刘石边听课边暗自摇头。

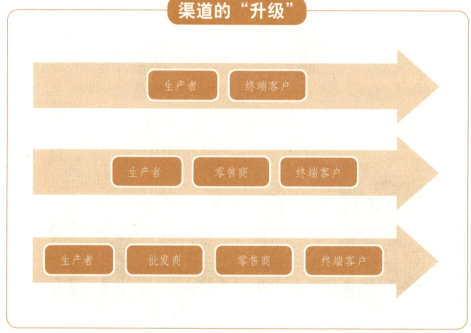

巴特勒继续说，"不仅如此，随着技术的更新，除了渠道的组织体系之外，各级渠道商的运营模式也在不断地改变。与生产商对运营模式的保守类似，渠道商对新技术可以带给渠道的改变也显得相当迟疑。不过，由于竞争的存在，新技术最终改变了渠道的形式。其中最有说服力的例子就是电商对传统渠道的冲击。"

"美国的西南、捷蓝等航空公司此前的营销渠道主要为旅行代理商。但当计算机网络服务发展到一定程度之后，他们开始在网络上销售机票。而在网络上销售机票并不需要中间商的参与（如果硬要说有，那就是电信服务商），航空公司只需自建售票网站即可。这样一来，原本由中间商吃掉的那一部分利润，就又

渠道的改进

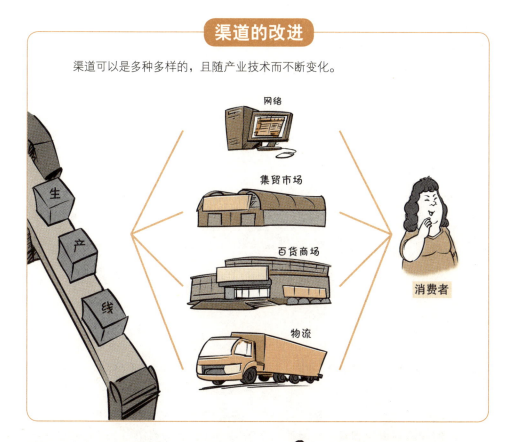

重新划归航空公司所有了。而传统的中间售票商，则转向为其他生产商提供渠道服务了。"

"当然，生产商选择改变渠道形式或换用其他渠道的行为也并不总能成功。传统渠道的力量不容小觑，很多时候，生产商在渠道政策上的改变不会取得他们最初预估的效果。在20世纪90年代之前，固特异轮胎一直通过独立经销商来销售他们生产的备用轮胎。但是沃尔玛、山姆俱乐部强大的销售能力让其眼红，因此他们决定在继续采用传统渠道的同时，也通过大规模零售商销售轮胎。你们觉得固特异的这个决策会给它带来好处，还是坏处呢？"很显然，最后一句是巴特勒突发奇想问出来的，着实让学员们措手不及——他们没料到巴特勒会随堂提问。

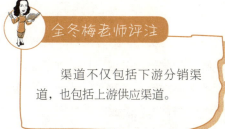

全冬梅老师评注

渠道不仅包括下游分销渠道，也包括上游供应渠道。

"好处。"一位同学立刻给出了回答。

"短期内确实是有好处的，因为固特异的销售渠道被拓宽了。但是在中长期上，结果却在事实上朝着一个相反的方向走去了。"巴特勒没有直接否定这位同学的答案，"当固特异的传统渠道商获知该厂商的新渠道之后，他们感到自己面对的竞争过于强大（沃尔玛的销售能力无可挑剔），因此集体罢市。他们开始销售更便宜的贴牌产品，甚至直接承接其他厂商的渠道业务——这时他们还享受着固特异的渠道帮助。"

"最终的结果是，固特异的备胎销售逐渐放缓，该公司因渠道政策上的欠斟酌而进入了持续超过十年的利润恐慌期。最终，固特异的管理人员承认他们犯下了错误：'我们忽略了一个事实，那就是经销商的成功符合我们的利益。'"

高效的渠道形式

"既然渠道的组织和政策对渠道效率的发挥有着重要的作用，那如何组建一套高效的营销渠道就成了每一家生产企业必须正确回答的问题。经过多年的探索，人们发现，垂直渠道、横向渠道和混合渠道都可以带来很高的运营效率。下面，我就分别对这三种高效的渠道形式做讲解。"说到这里，巴特勒去右侧角落里拿一次性杯子接了一杯水，咕噜饮下。毕竟上了年纪，从上课一直讲到现在，巴特勒看来是渴坏了。

"垂直渠道，类似于第二堂课中肖老师讲到过的复合职能，也就是营销体系中，同一机构承担多种营销职能。这和传统的渠道有着明显的不同。相信大家还记得我刚刚出示的最后一张图片，图片中的渠道形式就是最基本的，也是传统上的营销渠道形式。而垂直渠道则是对传统渠道进行深入整合之后形成的结果。"

对于巴特勒提到的复合职能，刘石确实有印象。肖老师在讲到这部分内容时，他对这些肩负着多种营销职能的机构产生了很大的兴趣。有着这样整合能力的机构，都是什么样子的呢？

"通过所属权、合约和施加影响力的方式来整合各司其职的渠道商,从而使这些渠道商的利益形成统一,这就避免了'渠道冲突',也就是类似于固特异轮胎案例中出现的传统经销商反制生产商这类事件的发生。"

全冬梅老师评注

渠道不是一家企业。一种终端产品涉及的渠道,很可能是由成百上千甚至更多的企业组成的。

"在垂直渠道中,最具约束力的是公司式垂直渠道。即负责营销渠道某个环节的代理商(或生产商亦可),通过收购或自建其他渠道职能机构的方式来控制整体渠道的组织形式。零售巨人克罗格拥有并经营40家工厂,这里面包括有18家乳制品厂、10家熟食和面包工厂5家杂货工厂和一些饮料、肉类、奶酪工厂。由于这些生产企业都属于该销售商,它可以在不同时期里,把利润在生产和销售两个环节中任意分摊,以达到挤占商业对手的竞争优势的目的。而在大西洋的彼岸,对整个供应链的管理帮助西班牙服装连锁商ZARA成为世界上成长最快的时尚零售商。"

巴特勒不愧为一线营销"战士",对全球产业渠道所知甚详,授课时信手拈来毫不费力。直到这时,学员们才体会到,任何一位老师都有着自己的强项,以帮助他们的教学工作达到足够好的效果。如不是这样,他们也无法站在讲台上。

不过巴特勒没有注意也不会在意学生们对他的看法发生了怎样的变化,依然故我地继续指点着他的"渠道江山"。

"不过主权领属式的垂直渠道组织并不适合所有企业和所有行业,并且其中的风险也是很大的。除非一家渠道商或生产商能够确信,这些被严密整合的营销职能机构在长期上都会有利于他们的经营活动,否则不会轻易采取公司式垂直营销系统。其中的原因也是显而易见的:组成这个大公司集团的营销机构中,有任何一个无法适应市场需求,都会拖慢整体公司的经营效率。不过,遗憾的是,任何时期都有刚愎自用的经理人和盲目自大的企业,在试图高度整合市场渠道时,受到新建设或收购的营销职能机构的拖累,最后惨遭清算。"说到这里,刘石敏锐地察觉到巴特勒低垂的眼神似乎变得更加阴冷了。

"说完了公司式的垂直营销体系,我们来说合同式的组织方式。事实上,这也是最常用的,用来加强渠道中各职能机构利益联系的方式。比如,各位在沃尔玛、乐购和家乐福超市购物时买到的'自有品牌'商品中的绝大部分，都是供销双方通过合同的约定，在生产和销售上紧密合作的结果。"

听到这里，刘石算是听明白了：那些有着超强职能整合能力的企业，往往都是那些超大规模的企业。换句话说，职能可以被整合，但是却很难被压缩。一家企业可以同时肩负多种营销职能，但是那要以增大企业规模为代价。也就是说，一条营销渠道中，某一机构想要长期稳定地整合多种职能，管理是必过的一关啊！

"此外，特许经营组织也是合同式的垂直营销体系的典型代表，它既可以由生产商直接向零售商发起，如丰田公司和它的特许经营网络；也可以由制造商向批发商发起，用来加强两者的联系，如可口可乐公司授权全球各大区的批发商分装它生产的可乐原浆并向零售商出售，这也给了这些批发商一个有趣的别称——'瓶装商'。"

"老师，合同式的垂直营销体系可以由中间商发起吗？"一位瘦削和粗犷兼具的男生坐在座位上很随意地问道，连手都没有举。说老实话，刘石是蛮讨厌这种人的。无论他们有多聪明，在起码的礼貌上都做不好，绝对无法取得最大的成功。

不过巴特勒倒没有像刘石期望的那样对这种不礼貌的提问方式不予理睬，他说，"我本来下面就准备讲这个问题。"与此同时，提问者面露惭愧地摆手讪笑，表示他没想到老师接下来就会讲到。"当一家企业在它所经营的领域里有着足够强的竞争优势时，即便它是中间商，也可以主动提出签订合约。不仅如此，在通过影响力约定俗成地构建垂直营销体系时，中间商与生产商具有同样的话语权。比如，通用电器、宝洁公司和卡夫食品都能够得到那些从未签订任何合约的经销商的特别优待，而家得宝和巴诺书店，当然还有贵国的当当网，都对各自的上级供应商有着强大的影响力。"

"垂直营销渠道体系是渠道形式中最值得敬佩的一种，不过水平渠道和复合渠道也是有效的组织形式。在水平渠道的组织之下，麦当劳和沃尔玛两大品牌持续地互利互惠。前者让饥肠辘辘的购物者变得有精力继续在后者的卖场里闲逛，从而提升后者货架上商品的销售额；而后者一站式购物的号召力则给了前者最大的客源保证。最近肯德基与贵国的中石化集团合作建设的汽车餐厅，走的也是相同的路线。"

"至于复合渠道嘛，"巴特勒顿了一下，"我们还是来看图。"

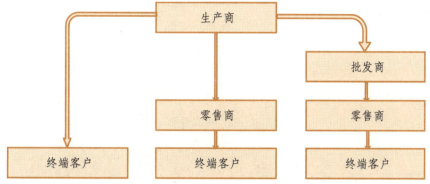

"复合渠道的组织形式本身并没有什么特别之处，只是各种传统渠道形式的并用，但其中的寓意却是重大的，即确保渠道的竞争性。竞争是这种渠道形式实现高效的根本动力。"

渠道的定义与建立

"讲了这么多，相信各位已经对渠道有了一定的认识。这里我再补充一点，就是渠道的定义。"

"渠道，也就是英文 channel。对渠道的传统理解中，更多的是把它视为商品在生产者和消费者之间流通所经过的抽象的管道。也就是说，这根管道是用来连接生产者和消费者的，因此不包括他们。然而，由于理论研究的需要，后期已经有学者试图将渠道的定义延伸到包含这两个终端节点的形式。这样一来，渠道和营销体系的概念就发生了重合。在这种意义之下，营销即渠道，渠道即营销。后者是前者的载体，前者是后者的目的。人们无法脱离渠道，把营销割裂开来研究；而讨论渠道政策时，判断和下结论的依据，也永远是营销效率的高低。"

"最后，我们来回答一个企业普遍关心的问题：如何建立一个渠道。不过，这里的渠道，暂时还是指商品在生产者和消费者之间的连通管道。总的来说，我

全冬梅老师评注

如何把为数众多的企业整合起来，使之成为一张高效的渠道网？这是一个简单又复杂的问题。

还是实用派。"

"首先，企业应该先确定可选的渠道成员。这是建立渠道的客观条件——如果某一地区没有人愿意经营批发业务，那么生产商也无法在自己和零售商之间找到其他的代理人。在确定了可选的渠道机构之后，就要在这些机构中进行选择，以组建最适合自己产品的营销渠道。如天美时（Timex）通过大众零售商贩售他们生产的手表大获成功，但此前他们选择的合作伙伴——珠宝店，却大多拒绝成为其营销渠道的一部分。

"啊，对了，"巴特勒讲完这一段似乎又想起了什么，急忙补充道，"现行的营销理论基本上都是从卖者的角度出发的，所以我们在这里也不从买方角度考虑问题。我只是觉得有必要提一下，否则和营销的理论概念会有冲突。"

"在建立了渠道之后，生产商还需要适当地激励它的渠道伙伴。比如足够诱人的销售返点、快速准确的技术支持等。对渠道伙伴的激励是很考验生产商决策能力的事务，激励得当，生产商可以依附渠道得到快速的成长，就像卡特彼勒公司一样；反之，如果激励措施不当，那么类似贵国某汽车品牌经销商大规模退网的事件也是可能发生的。"

关于一自主车厂和渠道交恶的事件，刘石也听说了。说起来，其中的故事倒是饶有趣味。

"当然，无论在渠道的建立期，还是运营期，对渠道伙伴的评估都是至关重要的。评估的结果是渠道决策的依据。制造商必须定期检查渠道成员的业绩，包括销售定额、平均存货水平、对客户的交付速度、损毁件的处理和促销、售后服务等方面的诸多细节。要知道，随着市场竞争的加剧，客户对产品和服务的挑剔程度也会越来越高。在一些特别的情况下，渠道商的一次失误，甚至能给生产商带来灭顶之灾。就像……"

巴特勒还想举一个生动的，或者说惨痛的例子给不知何时已经被他牢牢吸引住的学员们听，可是熟悉的下课铃告诉他是说再见的时候了。在向学员们挥手道别时，露出了真诚的笑容。

高效渠道的建立

1. 确定可选的渠道成员

2. 激励渠道伙伴

3. 对渠道伙伴进行评估

巴特勒老师推荐的参考书

《市场营销方法》 拉尔夫·斯达·巴特勒著。与同时代的作品相比，该书是较早对营销活动中所有重要环节都有所涉及的著作。因为其综合性、条理性较强的特点，该书被选为众多高校的教材。

第五堂课

艾格纽老师主讲"广告"

对广告来说,实现了价值不代表达成了目的。

休·埃尔默·艾格纽(Hugh Elmer, Agnew, 1875—1954)

营销学纽约学派的先驱。主要建树在广告学方面。艾格纽1920年来到纽约大学,教学经验丰富,他学院派的知识体系在纽约独树一帜,使纽约地区对营销的认识首次上升到了营销思想的层次。后离校从事广告事业。

营销学短期培训的第五讲被安排在星期四的下午。阳光加热了空气，也迟钝了人们的时间观念。

下午一点，闷热的空气中，一颗硕大的脑袋晃进教室的前门，吓了处于半睡半晕状态之下的学员们好大一跳。从惊骇中回过神的学员们定睛一看：好家伙！这个人脑袋太大了，而且头发稀少，双肩下塌。

"这长得也太卡通了吧！"刘石感觉自己被"雷"到了。"好，好可爱啊！"这是陈艳的评价。总之，这颗大脑袋成功地驱散了学员们的睡意，并把他们的注意力集中到了自己的身上。刘石突然想，长相特异倒是当老师的有利条件呢。

🔑 有趣的广告

"嗨！帅哥美女们，自我介绍一下，我是艾格纽。""艾格纽？名字也这么有趣。"学员们的兴趣更浓了。

"今天我们的主题是广告。广告，大家都知道吧？街头的大幅宣传广告、电视节目播放过程中那些遭人恨的但是又无孔不入的商品广告。嗯，我就说嘛，我分到的这个题目还是很好讲的。不错，我喜欢轻松的话题。"艾格纽老师的声音低沉浑厚，让刘石怀疑是不是由于他的大脑袋里发生了共鸣的关系。"不过，这家伙还真坦率。"

"大家都知道广告，都见过、听过广告。"艾格纽怡然自得地说。关于艾格纽的表现，刘石后来得知，这是因为他认为广告给人带来了益处，而他也因此很有成就感。事实上，艾格纽的大半生都在从事广告事业。所以，艾格纽的这堂课其实并没有他想象得那么好讲：在这堂课的主题上，师生在一定程度上是处于对立面的……

"或者说，都受过广告的折磨！"果然，嘟囔声从后排传来。

"由此可见，广告是很成功的，因为它实现了它的价值，即将确定的信息传递给目标人群。不过，广告从业人员都明白一件事，那就是实现了价值不代表达成了目的。对于广告来说，它的最终目的就是引导、操控人们的行为。而从效果上看，广告的这个目的并不是总能达到。实际上，那些没有经过深思熟虑就推出的广告，其效果往往会大打折扣。而如何制定最有效的广告措施，也是营销活动中的一项重要工作。我之前一直在从事广告相关工作，具体来讲，是通过广告促进营销目的的实现。我们这堂课的目的也是为了告诉大家：怎样组织广告工作，才能最大限度地为营销服务。"

"所以，请各位天才们先回答我一个问题，哦，也可以说是两个。那就是：什么是广告，还有，广告都有哪些种类。"人们常认为脑袋大的人更傻一些，这是一种误解。事实证明，头部占身体比例过大的人其行动可能会迟缓，但是只要这种形体特质不是出于病态因素，那么他们的智力一般是要高于常人的。因此，那些对"大头人士"抱有偏见的人会被证明是不明智的。比如，刘石现在就对艾格纽启发式的教学颇感意外。

"广告，就是广而告之的意思。具体有哪些种类我不知道。"继对学生发挥吸引力之后，艾格纽又被证明颇具言传身教的才干——在他的带领下，回答问题的学生也变得坦率了。

"**广而告之，中国的语言文化还真是伟大。虽然我不曾想到过，不过这确实是极为正确的表达。**"说着，艾格纽还歪了歪头，表现出很认真思考推敲的样子来。

"不过，"艾格纽自顾自地小声嘟囔着思忖了一会儿，突然快速左右甩了甩头，从汉语的语言迷局（对他来说如此）中抽

全冬梅老师评注

广告，即广而告之之意。广告是为了某种特定的需要，通过一定形式的媒体，公开而广泛地向公众传递信息的宣传手段。

身出来，接着说"这是从贵国语言的角度去理解这个概念。虽然思路也很正确，却还是存在问题的。"说到这里，艾格纽抬起头看向学生，这时他的眼神中已找不到迷惑。"那就是，广告一词对贵国而言是舶来品，是从西方国家传入的概念。也就是说，只有用发端地的语言来理解，才能确定它本来的意思。"

"事实上，广告，也就是 advertisement 的拉丁字源 advertere。该字源先是被传入到古法语中，辗转变形后，被逐渐引入到世界各国。"这段介绍应该不是艾格纽此前预计要在课堂上讲到的，因为刘石分明发现这位老师在讲述这段内容时，试图在脑海中翻找一些资料出来。而且，这会儿艾格纽的语速也放得更慢

无处不在的广告

无论衣食住行，人们无时无刻不被广告包围。

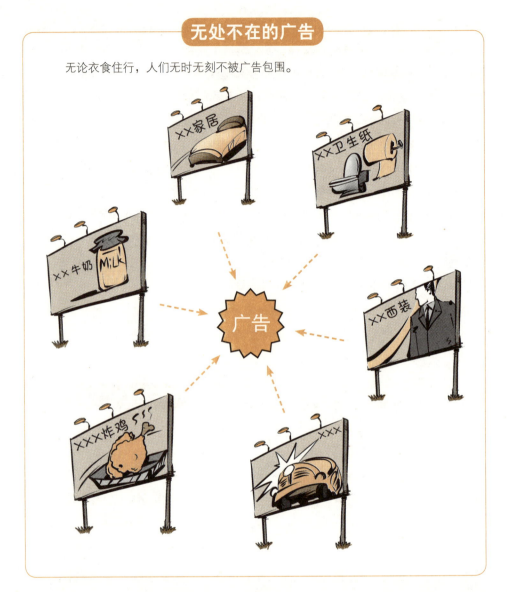

了，显然是边在头脑中整理资料，边讲授内容。

"而 advertere 在拉丁文中的原意是'扭转、朝向'。因此，广告的本意应是使人们朝向某一方向。在商品经济中，这个方向可能是某种产品，也可能是某种行为。而用语言'告知'，仅仅是使人朝向这个特定的方向的一种手段。所以，你们看，用贵国的语言来解释'广告'一词，确实是不够全面的，对吧？"艾格纽摊了摊手，歪头向学生们微笑了一下。

"也就是说,所谓'广告',其实是一种用来操控人们无论是实际的还是抽象的行为的事物了?"刘石还是头一次听到这种对广告的解释,感到蛮新鲜、蛮有创意的。

🔑 广告的分类

"至于广告的种类嘛,则根据划分的标准的不同而不尽一致。"讲完广告的定义之后,艾格纽开始了对广告种类的教学:"我们可以根据传播广告信息的媒介的不同来对广告本身进行划分,比如常见的平面媒体、视听媒体分别用来传播平面广告和视听广告。但是根据广告具体目标的不同,我们可以不依赖广告以外的事物来对它进行种类的划分。"

"比如,根据广告的目的是把人们第一次转向某产品,还是再次转向该产品,可以把广告划分为告知性广告和提醒性广告。前者用来告知目标人群该产品的存在,后者的目的则是防止用户对该产品淡忘。比如,宝洁公司新生产出一种洗发水,它就需要通过广告让用户知晓,在沐浴时他们有了新的选择。在这种情况下,告知本身,就具有使用户转向的功能,也许正是因此,才让人们把广告误会为只是'告知'本身而已吧。"

"告知性广告的范畴是最广的,它可以有多种变形。比如,说服性广告就是

全冬梅老师评注

广告有广义和狭义之分,广义广告包括非经济广告和经济广告。非经济广告指不以营利为目的的广告,又称效应广告,如政府行政部门、社会事业单位乃至个人的各种公告、启事、声明等,主要目的是推广;狭义广告仅指经济广告,又称商业广告,是指以营利为目的的广告,通常是商品生产者、经营者和消费者之间沟通信息的重要手段,或企业占领市场、推销产品、提供劳务的重要形式,主要目的是扩大经济效益。

它的延伸形式。这种广告，操纵人们行为的意味十分强烈。比如，联想公司努力说服用户相信，他们的 IdeaPad 系列笔记本电脑拥有极高的性价比，从而促使用户购买该系列产品。这就是说服性广告。"艾格纽一口气说了这么多。

"也就是说，说服性广告应该理解为说服目标人群去做一件事的广告种类了？"陈艳希望把这个概念理解得更为明确一些，以便进行知识的沉淀。

"是的。所以说，从告知事物存在，到直接促使目标人群转向该事物，广告的目的已经……那句话怎么说来着？"艾格纽又歪了歪头，转了转眼球，突然一扬手，伸出食指，"对，司马昭之心，路人皆知。"

语毕，众人皆倒——中国话学得够溜的啊！

"对了，说服性广告，通常也是最有趣的广告形式。而且——"艾格纽睁大了眼睛，"它可能引发一连串广告活动内部的，或是广告以外的营销活动，这才是它最引人注目的地方。"艾格纽一边说，一边展开他的笑容："而我最喜欢的就是有趣的事物啦！"说完，整张脸已经喜笑颜开了。

"一些说服性广告属于对比性广告，甚至攻击性广告。正是这些广告容易引发一连串的反应，包括广告战甚至诉讼。"艾格纽平静下来，接着说："比如，Gatorade（佳得乐）把自己生产的 25 卡路里的 Propel 低热量饮料和 glaueau 品牌 125 卡路里的维生素饮料放在一起对比，并在广告中提问：'你的饮料热量够低吗？'快餐连锁品牌唐恩都乐在电视促销活动（这也是广告的一种形式）中称，与星巴克咖啡相比，更多人喜欢唐恩都乐。"

全冬梅老师评注

视觉和听觉是广告产品进入大脑的主入口，但目标群体的其他感官仍然可以被广告商开发和利用起来。

"哦，对了。贵国也有很多这类广告。"艾格纽很快发现他引述的产品案例，在座的学生基本都没有听过，这很明显是不利于对知识的理解的。"而且，贵国的广告战比美国企业打得更为有声有色。"说到这里，艾格纽的脸上又现出笑容，显然，他又兴奋起来了。"从多年前的微波炉被指致癌，到纯净水被指不利健康，每次由广告引发的论战都能在最大范围内深入人心，已经被别国厂商引为经典案例了。当然，贵国的广告战之所以打得如此轰轰烈烈，正是因为这里是产品消费大国，并由此成为了多家厂商竞争逐利的关键战场。事实上，中国市场早已成为

各国企业关注的焦点。看看电视节目中,插播了多少外国公司产品的广告,我们就可以得出答案。"

"老师,您刚才说的广告会引起诉讼,可以详细说一下吗?"赵哲的关注点总是很有个性。

"这个,根据各国法律的不同,当一家公司的广告行为对其他公司的利益造成不正当伤害时,后者可以在法院提起诉讼,提请让广告公司停止伤害其利益,并对已经造成的伤害进行赔偿。不过,这其中主要是对法律条文和广告内容抠字眼的活动。虽然费心,却都是法务部门人员关心的问题,营销决策者倒不用太过操心。要知道,老板给法务部的人员发薪水,就是让他们监督规避和解决这些涉法问题的。"艾格纽是资深广告从业人员,既然看起来他对广告诉讼颇不以为然,学员们也觉得这方面的内容不甚重要,没有继续深究了。

如何确定广告预算

"好了,在确定了广告的形式之后,剩余的工作就交给广告创意公司去做了。接下来,企业营销人员需要考虑的,就是广告预算的问题了,也就是他们准备为这轮广告的投放花费多少银子。"一讲到预算问题,艾格纽脸上的笑容马上黯淡了下去。这自然引发了刘石关于艾格纽是否在他的从业生涯中过多地受到了预算的限制,从而不能自由地施展他的广告抱负的怀疑。

这时,艾格纽的语调也变得低沉起来,加上颅腔的共鸣和吐字的倦怠,有那么一会儿,后排的学生几乎要听不清他说话的内容了。不过还好,很快,艾格纽又恢复了他刚进入教室时的精神面貌,只是没有那时表现得那么兴奋了。

"关于应为广告活动投放多少资金,不同企业会给出不同的答案。小公司通常会用'量入为出'法来确定广告预算。比如,它们会在总预算中扣除必要的利润和其他运营费用,把剩余的资金分给广告部门。但实际上,在这种情况下广告部门获得的资金往往是不足的。而且被放在整体公司战略部署的最末一位,往往会让广告部门的工作人员心灰意冷。"不知道是不是会错意了,刘石就是觉着艾格纽的语气中透着几分辛酸⋯⋯

"不仅如此,这种会受到其他部门预算严重影响的预算制度,导致广告部门无法制订具有持续性的年度预算计划,造成该公司在长期上的宣传效果大打折扣。再加上短期内经常出现的预算不足——"艾格纽摇了摇头,"最终的结果就是这些企业的广告宣传总是达不到应有的效果。"

"为了避免这种先到先得的预算分配体制带来的不均衡性，还有一些公司采用了名为'销售百分比法'的预算体制。即根据当前的销售业绩来决定未来的广告预算。但是在执行上，"艾格纽的眉目阴郁起来，"不同的公司采用了不同的销售额 - 广告费用关系。很多公司的广告部门由于当前销售业绩好而获得了更多的运营资金，但是由于当前销售业绩已经很好，结果投入更多的资金体现不出明显的效果；还有少部分公司由于销售不足而提升对广告部门的投入，这又会造成广告部门抽取了本就不多的营收中过多的份额，导致其他部门无法全力开工。"艾格纽又耸了耸肩。

"类似的（在广告效果达不到最优方面）还有'竞争对等法'，即根据竞争对手的广告预算，选择投入等额的资金到广告部门。但是，每家公司都有自己不同于其他企业的促销要求，这种预算方式根本无法发挥出最大的广告效果。即便是就采用这种预算方式的企业最确信的理由，即'避免引发广告战'这一条来说，能否奏效都是很难说的。毕竟这都是出于管理者的臆测，并没有人曾经拿出足够有说服力的证据证明这一点确实成立。"

"老师，就没有一种足够好的预算方式吗？怎么这些预算方式都有明显的不足啊？"第四排那个瘦削男生显然是个急性子，这不，又在老师没讲完该部分内容的时候，迫不及待地提问了。

"有，当然有。下面我要讲的，就是一种足够好的广告预算体制。"艾格纽平静地答道。**"我本打算依托这些不够好的预算方式引出最后这一种更好的来着。"**同样的提问，同样的答案，这家伙就不知道汲取教训吗？刘石越发讨厌这个男生了。

全冬梅老师评注

广告会存在预算问题，并不是因为它是广告，而是因为它是预算。

"以上三种预算方式虽然表面上看起来理论形成都不同，但是我们却能找到它们的一个共性，那就是设计起来足够简单——要么干脆不用设计，剩多少资金就用多少，或者是别人用多少我就用多少，要么就是一刀切，给个比例就万事大吉。这些预算方式不仅在长期上起不到持续影响目标人群行为的作用，即便是在短期上有多大效果都有待商榷。"艾格纽越说越快，很显然他也举够这些反例了，只是出于内容导入的需要，他还得做最后的补充说明："由此，我们可以想到，试图以简单的指定或划分的方式来确定广告预算的思路很可能是行不通的，而只有足够复杂的计算方式，才能保证广告部门拿到最合适数量的预算。"

"真够绕的。"艾格纽的授课方式让刘石想起了第一堂课的讲师科普兰。科普兰当时讲课的时候，也很注重通过旧铺垫引出新知识。

"最后，人们得出了一种符合逻辑的预算编制方法——目标任务法，即先确定这轮广告投放所希望达到的效果，然后由这些效果反推回去，计算该轮投放所需要的资金。因此，"艾格纽看向学员们，"你们看，我们最终还是回到了广告的目的，即对目标人群的告知或提醒。只有这个对广告定性的工作做好了，预算这个定量的工作才能有依据。"

学员们听懂了艾格纽的意思，不过还有人在心里嘀咕：那你直接从目的引出预算不就得了吗？还举那么多反例干吗啊？只有赵哲的眼中放射出别样的光辉，他领悟到了艾格纽老师先天下之忧而忧的良苦用心——现在的年轻人创造性思维都很强，搞不好哪天想颠覆现有的预算体制，得先给他们打打预防针。既然前人已经在探索中吃过憋，又何必让后人再自己去摸着石头过河，结果扎到脚了呢。

🔑 对广告效果的估算

"这么说，老师，营销人员只需计算出达到相应的广告效果所需要支付的资金，就可以完成广告的预算了？"瘦削男生似乎喜欢把老师变成自己的私人教师，把不懂就问的优良品质发挥到了极致。

"理论上确实如此……"艾格纽顿了一下，接着说出了前面的未尽之言："但是，也不是就高枕无忧了。"又把一个汉语成语学以致用之后，艾格纽指出了目标任务法实操中面临的最大问题："但是，直到今天，营销人员还是很难界定哪些具体的任务会完成这个确定的目标，即实现广告的目标都需要做哪些具体的工作。只有这些工作确定了，才能把这些具体工作对应的预算整合起来，形成广告预算。"

确实，对 1000 个经历、背景不同的人进行广告投放，究竟有哪些人会受到广告正面的影响，哪些不会，哪些会被引发与期望相反的行为，这些细节的问题不是营销人员能够确切回答的。因此，广告预算似乎天生就不是一个可以被精确计算的数据，至少在现阶段的科技水平下是如此。想到这里，刘石撇撇嘴：不确定的东西，就先不去管它吧。

"**当然，前人也为评估广告的效果做了很多的工作。**"艾格纽恳切地说，"**比如，他们提出了'广告投资回报率'这一个概念，并用实验的方法得出结论。**"

"比如，可口可乐公司在不同的市场上做出不同的广告支出，结合随后的销售额变化，计算出在哪些市场上，投入等量资金获得的销售业绩提升高，并将广告预算向这些市场倾斜。但是即便如此，广告预算仍然不能被精确计算。百货商业巨头 John Wanamaker 说：'我花了 200 万美元做广告，但不知道这笔钱是只够一半，还是多花了一倍。'当美国全国广告主协会向一位营销经理提问'如果广告费用减少 10%，你能否预测这对销售带来的影响'，63% 的营销经理表示不能。而剩余的营销经理中，有多大比例是出于对自身地位的考虑而给出不同的答案，也是十分耐人寻味的。"

下课的时间到了。艾格纽满怀心事地走出教室。他看得出，学员们对自己没能给出一个可操作性强的、有效的广告预算方式而默然，但对这个问题的完善解答，已经超出了他乃至于目前所有的营销人员的能力范围。看来，这个问题只能留给后人解答。营销学在飞速的发展之中，谁能保证这些孩子中，不会最终出现完美解决广告预算问题的人才呢。作为前人，艾格纽能做的，就是把这些孩子放在自己的肩头，让他们能在足够年轻的时候就站得比前人高，看得更远一些……

> **全冬梅老师评注**
>
> 广告效果是决定广告部门能够拿到多少预算的重要砝码。

艾格纽老师推荐的参考书

《广告原理》 蒙勒·李著。该书是作者对其广告学理念的整理。书中的亮点除了对广告媒体（主要是户外广告媒体）的精妙介绍之外，还包括对广告学重要结论的整理。理论和实践相结合的特色使其成为广受欢迎的广告学著作。

第六堂课

尼斯托姆老师主讲"零售"

定价是零售的灵魂。

保罗·亨利·尼斯托姆（Paul Henry Nystrom, 1878—1969）

早期营销学威斯康星学派的代表，为把营销学发展成为一门管理学科做出了奠基性的贡献。尼斯托姆早年的研究工作集中在税收方面，正是这项工作引发了他对零售行业的兴趣。尼斯托姆著作颇丰，他在1913年出版了《零售与商店管理》一书，他的博士论文后来以《零售经济学》之名出版，他还把后续的研究工作所得集中表达在1929年出版的《消费经济学》一书中。

"这个人好像《越狱》里的斯科菲尔德啊!"这是第六堂课的老师出现在众人面前时,赵哲对刘石说的一句话。

说实话,这人的眉目和下巴确实很像斯科菲尔德,气质也有些相似。所以他一出场就获得了学员们的青睐。只是他们没有想到,这堂课的老师虽然长得很帅,却是一位彻头彻尾的"学者",其严谨的思维和严肃的态度,按捺住了学生们的激情。

从生产到零售

"我是保罗·尼斯托姆。这堂课应该是各位在这系列营销培训中最熟悉的部分——零售。大家去过各式各样的零售商店,喜欢或不喜欢它们各自的一些特点和风格。因此,我的这堂课还是很好开展的。"尼斯托姆说话很快,刘石甚至觉得他讲课都是无需思考的——或许是他思索得太快,以至于做到了内容之间的无缝衔接。

"不过,我也必须提醒各位,这堂课的主题虽然是大家所熟悉的内容,但所涉及的知识却来自经营者而非消费者的角度,因此,对各位来说,这应该算得上是一堂'熟悉又陌生'的课程。好了,那么我们就先来看一下,从营销系统的角度来看,什么是零售。"

尼斯托姆很认真地摊开教案低头翻看。从内心来讲,刘石并不认为治学严谨的尼斯托姆会不备课就站在这里。因此,他之所以会边讲课边翻看教案,只有一个理由,为了确保万无一失——他不能接受自己讲授的内容不完善,或不正确。

"首先,大家知道,所有商业行为都是

全冬梅老师评注

零售是指商品经营者或生产者把商品卖给个人消费者或社会团体消费者的交易活动。零售的特点有以下三点:每笔商品交易的数量比较少,交易次数频繁;出卖的商品是消费资料,个人或社会团体购买后用于生活消费;交易结束后商品即离开流通领域,进入消费领域。

基于需求的。它在主观上满足了卖者的需求——赚钱；在客观上满足了买者的需求——物品或服务。而营销中名为零售的这样一个环节，对应的就是最终消费者的物品、劳务需求，即向最终消费者直接提供物品与劳务服务的行为。"虽然很多学生这时还陶醉在尼斯托姆过分迷人的气质、样貌之中，但刘石、赵哲却没有受到太多的影响。在两人脑中，零售活动的定义及在营销活动中的定位已经逐渐形成。

"事实上，在目前的经济产业界，无论他们是如何宣称的，企业生产的最大目的，很多时候也是唯一的目的，就是赚钱。"尼斯托姆静静地看了看台下，似乎是想知道，在这些学员中间，有多少是完全支持他这个论调的，又有多少这时茫然或漠视。因为对这个认识的接受程度，直接影响着学员对所有营销活动的理解。当然，也包括零售。

"而零售作为营销链条中重要的'货——币转换环节'，"在从几乎所有学员眼中读到了肯定答案之后，尼斯托姆才继续他的教学工作，"正在越来越多地得到企业——无论是生产厂家还是渠道商的重视。事实上，在零售商店中进行的定点营销和在电视广告上对产品进行大吹大擂，两者起到的促销效果是一样的，而且很多时候前者的成本要比后者低很多。"

尼斯托姆老师教学进度很快，但是刘石仍然有足够的时间联想到了超市里被切成小块供顾客免费品尝的火腿香肠、水果、炊具区的煎肉，当然，或许还有榨汁机前面围观顾客暗暗咽下的口水。

刘石走出关于免费试吃的美好回忆，尼斯托姆的授课内容已经在继续："每一周，有1.5亿人次走进零售商沃尔玛的自动门；每一年，美国的零售商从终端顾客手中赚到超过4.4万亿美元。作为诱饵这已经足够诱人了。因此，零售机构的蓬勃发展其实是有着强大的内在动力的。"说着，尼斯托姆转身在黑板上写下了"内因"两个字。

全冬梅老师评注

在整体营销链条中，零售商地位到底如何？看看沃尔玛的供应商有多么战战兢兢就知道了。

"而来自生产商的推动则构成零售业兴旺发达的外部动因。"尼斯托姆边说边在黑板上继续勾画，"奥美机构（营销咨询专业机构）把这营销中的'最后一公里'视为'消费者在购买态度和购买行动之间的距离'。事实上，零售业销售额的40%，并未被开列在消费者出门前列写的购物清单上，它们是这些腰包鼓鼓的人身处零售商店后临时做出的决定。正是由于零售商对营销活动做出的重大贡献，从生产商到上级经销商，都可能会对零售商的销售给出高额返点作为激励。"

尼斯托姆的书写速度完全跟得上他的讲解速度。等他介绍完这部分内容，黑板上也呈现出了有着两个分支的零售商推动因素图。事实上，刘石这时已经隐约感觉到：尼斯托姆的授课之所以紧凑到不允许走神儿，公平地说，也许并非这位老师刻意为之，而是他自己的神经本就处于紧张之中，因为担心遗忘，所以一想到就马上讲出来或者写出来，所以才显得很紧凑。毕竟人的思路转得很快，想要填充满一个课时还是很容易的，更别提尼斯托姆是威斯康星大学的老教员了。

零售商的分类

"本课的内容在于传授如何组织零售行为，以取得最好的零售业绩。这对一个营销人员来说，是很重要的技能。"尼斯托姆中肯地强调了这部分内容的重要性，"但是在此之前，他们必须分清，自己所要经营的零售机构属于哪一种类别。毕竟不同类别的零售机构，有着并不一致的经营方略。"

"零售机构的分类，可以从服务入手，也可以从产品入手。"讲到这里的时候，尼斯托姆破天荒地想了一会儿。或许是在思索如何引入这部分内容更便于学员记忆吧,刘石心想。

"您的意思是,根据销售对象或者销售产品的不同,零售机构也应采取不同的组织和运营方式?"陈艳问道。

"正是如此。不过,由于按照服务划分零售机构并不典型,我们这里仅介绍根据商品划分零售机构的类别,同时也给出对应类别零售商的服务项目。"尼斯托姆一字一顿地郑重给出了结论。

"比如,贵校门前的小商店和两个街区以外的商厦,除却规模的不同外,它们最大的不同是什么?"尼斯托姆的课堂提问很神奇,人们甚至觉察不到他在转动脸的朝向,他却能让所有人都觉得,他直视的对象就是你。因此,连坐在两侧和角落里的学员,都在尼斯托姆先生严厉的目光下,全力开动脑筋,试图得出有理有据的答案。

"品类。"赵哲举手干脆地回答道。他不开口说话,刘石还没有发觉到。这堂

零售店的种类

根据零售商的规模和产品线,可以将它们定位到不同的类别之中去。

	单一产品	少品类	多品类
小规模	烟草专卖店	便利店	无
大规模	女装专卖店	超级市场	百货商店

课的赵哲似乎不太一样——与老师和刘石的互动减少，默默地听着的时间增多。这家伙属于遇强则强的类型，老师讲得慢他就扯点儿别的，老师讲得快他就认真听讲。

"对，这位同学回答得很好，就是品类。那么，这位同学，我想听听你对品类是怎么理解的呢？"

"老师这点您难不倒我，我在书本上学过。品类是指在顾客眼中一组相关联的和（或）可相互替代的商品与（或）服务。一般情况下品类分为四个品类角色，即目标性品类、常规性品类、季节性品类、便利性品类。不同的品类角色意味着不同的品类策略和品类目标。一般情况下，目标品类是一个门店或品牌的标志性品类，起到创造形象、吸引客流、增加客流、创造销售的作用。因此，这些品类应给予最优厚的条件，例如最大频率的促销、最充裕的陈列位置、同城市最有竞争力的价格、最优质的进货补货、给予相应供应商最优先的结款等。"

尼斯托姆很满意地点了一下头。"这位同学概述得非常正确，不过，我想再补充几点。"

"大型零售商销售的商品品类更全，或者更细致。小型零售商货架上的商品，则通常为快速消费品。这是因为后者更在意资金的快速回流，即货品的快速销售和变现；或者是它们擅长零售的专门品类，这因零售商优势的不同而不同。总之，不论是对于大型零售商还是小型零售商来说，零售商的根本区别在于其经营的商品品类。事实上，这也体现了用在销商品划分零售商类别的一种思想。"尼斯托姆认真地看向学员们——不过由于他总是目不斜视，所以大家的感觉并不明显，"即根据商品选择合适的销售方法，并逐渐丰富成该类零售商的经营理念。"

"如果你代理的是一条单一的产品线，产品型号不多，那么你是不可能为此去租下几层卖场的。事实上，这种大型卖场是留给百货商店这种同时经营多种产品线的零售商的。"由于零售商类型众多，尼斯托姆直接把它们混到一起讲解，试图通过有效的衔接和对比让学员们有一个清晰的印象。

"百货商店为每一个产品线设立独立的部门，对它们进行独立的供应链管理。与此形成对照的是专卖店——它们经营单一品类的商品，因此可以以更小的投入、规模向顾客提供在该品类内部更全面的商品和服务。"

"老师，超级市场算是百货商店吗？"听到熟悉的声音传来，刘石心里掠过一丝不快，"怎么又是他"？不过，他又不得不承认，自己也想知道这个问题的答案。于是，他便神情复杂地看向了尼斯托姆先生。

"不算。"尼斯托姆微微摇了摇头。"超级市场虽说被冠以'超级'二字，但它经营的范围还算不上'百货'。其实，超级市场和便利店类似，都是介于百货商店和专卖店之间的专攻部分品类的零售机构。"

全冬梅老师评注

为什么超级市场里的商品总有很多在打折？因为本质上它是一种折扣店……

讲到这里，任课教师原计划讲授的深度已经达到了。不过显然由于语言组织的问题，这部分内容还显得意犹未尽，所以尼斯托姆只能选择继续。当然，这只是刘石私底下的看法，毕竟像他这样敏锐地捕捉到尼斯托姆老师脸上浮起的烦躁的学员不会太多。

"比如，超级市场的经营品类主要集中在食品和家用品方面。由于该品类覆盖的产品很多，购买量又大，因此用大型卖场的形式来组织，更能保证其吸引力和盈利能力。而便利店，正如我们最早提到的贵校门前的小商店一样，它们选择那些适应附近人们的需求，能够被快速周转的商品，如香烟、饮料、方便食品等。当它们开在学校门外的时候，作业本则成了它们重要的收入来源。"

零售的灵魂——定价

"在介绍了零售商的分类之后，我们关注影响零售商销售能力的关键指标——价格。实际上，价格不止对零售影响巨大，"老师似乎想到了些什么，但犹豫了一下，最终没有详细说明，"而且根据需求规律，价格对交易能否进行，能在怎样的水平上进行，都有着决定性的影响。"

"下面，我们就来具体关注一下，不同类型的零售商，都应采取怎样的定价策略。各位很快会看到，影响定价的关键因素在于其盈利思路。"说着，尼斯托姆又瞄了黑板一眼。很显然，他下面要讲的，又是一些条理比较清晰的知识内容。

全冬梅老师评注

零售商相对竞争对手的定价，要与其自身的定位相适应。

果然，在众学员的注目下，尼斯托姆又开始在黑板上勾勾画画了。"专卖店和百货商店更注重单品的盈利，因此它们对商品的定价都较高，并以附加的服务来维系这种高价格；而超级市场、折扣店和廉价零售商对销量更为重视，因此他们愿意以较低的单品价格来促进商品的大量销售。事实上，他们擅长销售的商品品类一般也更为适合这种定价策略。"

"老师，我看有些百货商店，内部也开设了类似超级市场的销售部门；而很多超级市场中，如沃尔玛，也贩卖金饰这类需求量小的商品，这又是怎么回事呢？难道，百货商店和超级市场已经在逐渐融合了？"坐在第一排正对老师位置的男生又提问了。

"嗯！"尼斯托姆老师清了清嗓子。他本以为这部分知识已经讲得足够详细，准备让大家消化一下知识就进入下面的内容，看来，还需要为这部分内容耗费一些口水啊。

"这位同学提到的零售业态属于'超级商店'，即 superstore。和百货商店以及超级市场不同的是，它是一种超级市场和折扣商店的组合。"尼斯托姆咽了一下口水，显然是讲得嗓子发干了，"它们两者的经营品类互为补充，且经营理念相似（尤其是定价方面），因此结合起来经营以吸引更多的消费者去购物。"

"但是，它们仍然算不上百货商店，是吗？"刘石觉得陈艳可以被称为"学术刺猬"了，这家伙不提问则已，一提问就直指某个论断的软肋。

"确实。不过就像刚才这位先生说过的，"尼斯托姆看了一眼引发这轮讨论的前排学员，"零售业态之间确实在走向融合。也许刚开始这种超级商店的定价策略和经营模式仍然与百货商店有所差异，但是随着百货商店的折扣化，还有对日用消费品类的引入，两者在很多时候已经难以分清了。"

零售业的发展趋势

讲到这里，尼斯托姆似乎轻出了一口气。显然，老练的他也对零售业在这些年来的高速发展感到无力——这是一个人的力量与全社会力量的对比，在集体的智慧面前，再英明的智者都会体会到自己的渺小。而市场，正是那只把集体智慧整合起来的上帝之手。

"过去的十五年，是零售业的黄金阶段。高速发展的世界经济，自由的信贷业务和各国普遍的低利率政策，空前地刺激了人们付诸消费的开支。抓住这个机会，零售商纷纷开设新店，扩大经营规模。"尼斯托姆来自20世纪初，显然更容易对零售业在一百年后的今天所达到的发达程度津津乐道。

"1999～2006年间，美国经济增长了5%，但零售业的增长则达到了12%——是平均经济增长率的两倍多。宽松的经济给了百货业更大的自由度，营销人员甚至一度认为消费者已经习惯了高价的商品。"

"刘石，你去过百货商店吗？"显然，对于赵哲来说，尼斯托姆的这部分内容有些拖沓了，于是这家伙开始找刘石闲聊。"去过，不过好像没在那里买过东西，都是在超市里买的。感觉去百货商店购物的人，都是有钱人。"刘石倒是把自己放得很低。

"但是随着几年前金融危机的袭来，高端零售业遭遇了最严重的打击，收入呈十位数下滑，扩张速度减缓，甚至旧店不断关闭成了业内的常态。"尼斯托姆接着说。在长年的工作生涯中，尼斯托姆已经把零售和正义建立了联系，零售业遭遇的兴盛与衰败和他的激动与惋惜已经息息相关。

"位列全美消费者满意度最高的零售商之一的梅西百货、美国第二大零售商家得宝开始裁员以削减成本，Linens'n Things、电路城、KB Toys和Sharper Image则相继破产倒闭。"尼斯托姆脸上显出凝重——好像这些公司都是他开的一样。"严峻的形势

全冬梅老师评注

人们总会不断地趋于理智，尤其是当他们发现了财富的魅力之后。因此，替消费者省钱的零售商会占据越来越大的市场份额。

逼迫百货业重新审视自己的经营理念，开始为顾客提供实实在在的折扣，以吸引他们重新回到店中购物。"

"与此形成鲜明对照的则是那些一贯以廉价形象示人的超级市场和折扣店。"提到这些经受住金融危机的考验，招牌仍然熠熠生辉的零售商，尼斯托姆锁紧的眉头又舒展开来。

"沃尔玛是全球最大的零售商。2009年，它的销售额达到了4010亿美元，是全美零售巨头塔吉特、西尔斯、凯马特、梅西百货和彭尼公司销售额总和的1.6倍。"尼斯托姆对学术的认真态度值得尊敬。

"沃尔玛成功的关键被认为是它一贯秉承的'严格采购'制度。该公司以严酷、锱铢必较的态度对待供应商。沃尔玛实实在在地为客户传递价值，他们采购食品的价格是同行的85%～90%，但他们对消费者出售的价格则是同行的80%。"

刘石是个有理想的孩子。当他听到沃尔玛有着如此强悍的实力之后，心里随之萌生出希望去那里工作的想法。结果，他被尼斯托姆下面的话泼了一盆冷水。

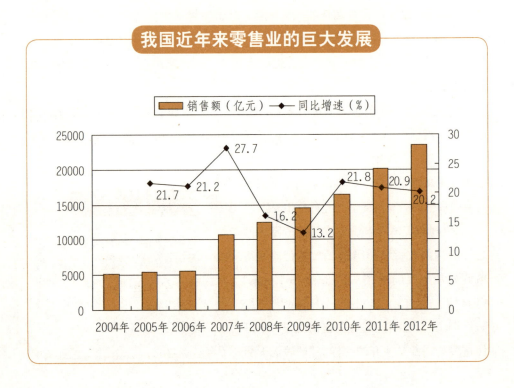

我国近年来零售业的巨大发展

"而沃尔玛的成功也体现出了零售业的发展方向,即精简化、科技化、廉价化。"尼斯托姆用投影机展示出沃尔玛公司的独到之处。

"在组织结构上,沃尔玛有着行业中最低的成本结构——在这里,你看不到臃肿的官僚机构和人浮于事的人力浪费。它在阿肯色州的总部拥有连国防部门都嫉妒的计算机通信系统,使得遍及全美的公司经理都能在第一时间得到及时的销售和运营信息。它的分销中心是全自动的,能够高效地向各地的商店供应货物……"看来,想在沃尔玛谋得一个职位,还真不容易呢。刘石心想。

"可是,老师,一旦所有零售商都向沃尔玛看齐,那么以后不就不存在百货商店和专卖店了吗?"后排传出疑问的声音。

"当然,这里所说的零售业的发展方向,各种零售业态都可以借鉴,且不用更改自己的经营理念。机构的精简、新技术的采用是所有营销机构共通的发展方向;而廉价化则不仅是新兴零售商攻取市场份额的利器,也是老牌零售商增加顾客黏性的重要手段。"

"最后,电子商务的崛起是一项对零售业产生根本性影响的进步。只是这堂课的初衷只限于对传统零售业的讲解,因此就不对电子商务做相应的说明了。"

"不是吧,我很想听电子商务的内容的。"刘石不免有些失望。不过,鉴于头顶的时钟已经在为这节课做最后的计时,也只能把这点期望寄托到以后的课程上了。

也许是出于一个严谨的教员的自尊,尼斯托姆无法接受自己的课堂出现内容空白的知识点。"不过,值得一提的是,目前看来,只有电子商务和传统零售有效结合,才能产生最大的效益。网上销售额的预期增长中,有很大一部分来自于那些'鼠标加水泥'的复合零售商。它们对传统渠道进行电子化改革,以提高运营效率,降低成本。"

正在这时,下课铃响了,听到铃声的尼斯托姆老师马上收拾起了自己的教案,并对同学们说道:"好了今天的课就上到这里,同学们再见!"

"老师再见"。

这节课就在学员们的意犹未尽中结束了。

尼斯托姆老师推荐的参考书

《零售经济学》 保罗·亨利·尼斯托姆著。该书是尼斯托姆的博士论文的出版版本。它不仅介绍了零售活动相关的理论体系,还对前沿领域有所涉及。尽管以零售为中心的营销知识在此前并不鲜见,但把零售行为整合到经济学体系架构之下,却是一种独特的视角。直到今天,读者仍然可以从其中获得不少启发。

第七堂课

奥格威老师主讲"品牌"

> 品牌不是本来就有的,而是随着营销活动的开展,逐渐形成的营销标志。

大卫·麦肯锡·奥格威(David Mackenzie Ogilvy,1911—1999)

　　1911年出生在英国的奥格威早年生活并非一帆风顺,他曾做过厨师、销售、外交官和农夫,不过他在大部分岗位上都做出了骄人的成绩。在38岁的时候,他受到一家英国公司资助,开办奥美公司。他在营销和广告方面取得了巨大成功,被誉为"广告之父"。

"一个人，年纪轻轻的时候和上了年纪后，样貌的差异居然可以如此之大，真是让人难以想象。"刘石手里摆弄着这堂课的任课教师奥格威先生的照片，眼睛不断地在真人和照片上的形象之间作对比。

照片上的奥格威是一副经历了生活和事业风雨历练的形象；而眼前的奥格威正值中年，虽说高挑的眉头已经在额上挤出了许多皱纹，但给人的形象是成熟和干练。

"这应该是他人生和事业都刚好达到顶峰时期的形象。"赵哲小声和刘石讨论，"由于经营着一家成功的广告公司，他很注重自己的形象。"然而，岁月的痕迹和过往的记忆仍旧从他时尚的外表下默默地诉说着这个男人曾经的经历，至少，没有逃过刘石的眼睛："他没有被多变的生活击垮，反而不断成功，是一位值得尊敬的人。"

🔑 品牌的产生

在刘石看来，这个奥格威先生似乎对给中国学生上课并不热衷。比如，作为开场白，他只是职业性地笑了笑，就进入了正题。

"我原本有些奇怪，为什么作为奥美公司的创始人，我的授课内容居然不是广告，而是品牌。"奥格威挑了挑眉毛，"不过，品牌和广告倒也相关，而且，两者间关系错综复杂。也许只有精通广告业务的我，才能解释得清。那么，"奥格威顿了顿，"我就给各位介绍一下品牌这个概念的来龙去脉吧。"

"这个人看似高傲，不过确实颇有能力。"在刘石看来，越是人们司空见惯的内容，就越是难于介绍。拿品牌这个概念来说，人们对它非常熟悉，但是形成的认识却未必完全正确。奥格威在这堂课上，不仅要传授他自己的理解，还要破除学员头脑中已经形成的一些旧的、不恰当的认识。"且看他怎样传道、授业、解惑吧。"想到这里，刘石抬眼静静地看向奥格威。

"首先，各位需要明确一点，那就是品牌不是本来就有的，而是随着营销活动的开展，逐渐形成的营销标志。"奥格威语速不快，吐字清晰，薄薄的嘴唇开始了对品牌发展史的诉说。

"最开始，生产商只生产有用的产品本身，并未形成品牌概念。不过，它们仍旧需要通过某些方式标识自己的产品，如包装的形式、文字的标注等，以供渠道商和营销人员分辨与识别。但是很快，事情发生了变化。"奥格威停下来望了一下学员们，对自己成功地吸引了他们的注意感到满意。"首先，消费者对生产商的某种产品渐渐形成了特定的喜好。随后，在有选择的情况下，他们更倾向于购买同样的产品。而他们用以区别不同产品的，就是这些标识。由于这一时期很多标识是刻印

全冬梅老师评注

品牌可以被简单地理解成产品上的牌子，但它更倾向于这面牌子背后的涵义，而不是其材料本身。

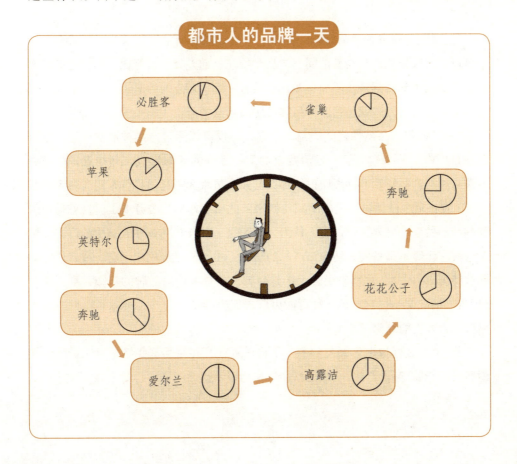

都市人的品牌一天

在产品上的，因此人们用 brand，即'烙印'这个字来指代这些标识，也就是今天我们所说的品牌。"

"老师，您的意思是，品牌本身就是一种广告？"陈艳这么快就把艾格纽传递给学员们的广告的原始意义学以致用了，让刘石先是愣了一下，随后心里一阵赞叹。他都没有在头脑中形成品牌与营销体系的联系，这个陈艳居然已经注意到了品牌对客户的"转向"作用。当然，随后刘石的迟钝被证明是有道理的。

"不是这样的。广告可以用来建立和加强品牌形象，但是品牌本身并不是广告的一种形式。"奥格威老师看上去有些无奈。"看来我有必要明确一下品牌和广告这两个概念的关系，不然你们对其他内容恐怕也难建立起正确的观念。"

"刚才说过，品牌是用来辨识产品的标识，它由生产商以某种形式附着在其产品上。因此，品牌本身也可以视为一种产品，即使用价值是把被标的产品从同类产品中区分出来的产品，它的消费者是终端顾客、渠道商，甚至是生产商自己。"

"但是随着附有这些品牌标识的产品被终端顾客所消费，这些标识就多了一个角色，即区分该产品与其他同类产品在特征上的差异。就好比人们提起诺基亚手机，头脑中就会浮现出其坚固耐用的特征；而苹果公司的电子产品，给人留下的特征就是先进。这就是这两个品牌被使用者消费而衍生出来的另一角色。"

"而品牌和产品特性之间关系的建立，不仅可以通过产品被消费产生，也可以通过广告宣传来建立。一旦消费者对某一品牌的认知形成，即在意识中完成对该品牌与产品特性的神经映射，那么营销人员就无需通过广告来建立两者的联系了；或者至少已经可以大幅缩减他们用于此项工作的广告开支。这就是广告和品牌的关系。另外，也许有人认为，品牌是一种长久驻留在人脑中的广告，但是这时它已经不具备使人转向该产品的功能了（他们已经朝向了它，或者说它的那些特征）。因此，严格来讲，无论是品牌，还是人们对品牌的认知，都不符合'广告'的定义——它只是一种可能由广告促生的结果，一种可以帮助营销人员缩减广告开支的效果。"

"这个怎么好像电容器似的——存储好恶感，并使用这些好恶感来影响终端消费者。"刘石突发奇想，"难道营销学和物理学遵循同样的哲学原理？"

🔑 品牌的价值

"确定无疑的是,作为一种产品,品牌是有其使用价值的——区别产品的生产商和区别产品的特性。前者的受益人是营销链条中的所有环节,而后者的受益人则主要是终端用户。而任何商品都有使用价值;都有交换价值,也就是可以货币化。微软的品牌价值为 760 亿美元,可口可乐则为 670 亿美元,其他全球知名品牌如,IBM、麦当劳、苹果、中国移动和通用电气都有着不菲的身价。"

"老师,仅仅因为可以用于区别其产品特性,品牌就可以拥有这么高的交换价值吗?"赵哲对奥格威引摘的这些天文数字表示怀疑。

"确实,仅用于区分制造商和产品特性,品牌还不至于衍生出如此巨大的交换价值。但是,这里有一点,在实际使用中,品牌最富想象力的价值还在于它为产品穿上了一件统一的外衣——当人们一致认为联想电脑是最物美价廉的选择,那么即便它的某款机型并不比同行的款型具有更高的性价比,人们仍然会选择这个他们已经形成固有认识的品牌;当诺基亚手机的质量随着代工范围的不断扩大而逐年下降,人们仍然以为自己手中的电话可以在必要的时候用来砸开核桃。这就是品牌的力量。因此,聪明的厂商完全可以适时地利用其品牌优势,为其换取一些金灿灿的硬通货。尽管这种行为对品牌的培育起不到什么正面的作用,但是,品牌、商品被生产出来,最终的目的不就是为了盈利吗?所以,厂商这样做不过是出于自愿的对品牌价值的折现罢了。"奥格威耸耸肩,很显然他是作为一个旁观者来看待品牌折现的。长久以来的广告生涯,已然让他可以对这种品牌培育上的短视行为看淡。

"这不就是当主电源供电减弱时,电容器起到的补足作用吗?"教室的另一端,刘石感觉自己的后背有寒气升起,为什么一定要这么巧啊?

"另一方面,那些给他们的产品穿上了对其形象不利的外衣的生产商,则在不断地改善他们的品牌形象。比如被冠以垃圾

全冬梅老师评注

为什么人们对大品牌的商品更加放心?因为品牌拥有者出于自身利益考量,很难为了蝇头小利而砸掉那些价值百亿的品牌。

食品的快餐品牌,在食品托盘上垫上有助于其树立健康饮食形象的宣传页;华为公司用高端的 D(diamond 即钻石)系列产品打入国际市场,试图改变其低价取胜的品牌形象——这不利于它提高产品单价和利润率。尽管为此他们需要付出额外的成本,但是很显然,这些生产商认为为了能够建立有利于他们的品牌形象,这些付出是值得的。"

品牌的建立

"讲完了品牌的产生和品牌资产的形成之后,我们已经明白了品牌对企业来说可以产生多大的贡献。正因为对这其中的原委的熟稔,各路厂商们才不遗余力地建立和维护着自己的品牌。如果不是受到巨额利益的诱惑,谁会做吃力不讨好的事呢?要知道,经营一个品牌形象,是有着巨大的成本开支的。"

对于中国人来说,美国人阐述问题的时候未免废话太多,就像后者认为前者表达自己意见时往往过于委婉一样。在为厂商的逐利行为开脱了一大通之后,奥格威老师终于回到了他想要表达的主线意思上来:"为了更好地营销产品,营销人员需要借助品牌的力量。但这时人们关注的品牌概念,已经远不是那个帮助渠道商区分生产者的铭牌了,而是那个指向产品特质的顽固映射。"

"在建立品牌映射时,营销人员一般有三种选择,即建立与产品技术属性的映射、与产品功能的映射和与产品意义的映射。"似乎是觉得条目有些多,奥格威转身在黑板上做了标注,并边转回身来边说,"其中,产品的技术属性是指它们的工作方式,如帮宝适就其尿不湿产品对液体的吸收作用而大肆宣传;产品功能则是指产品由于其工作方式而导致的最终效果,如该款尿不湿可以帮助宝宝度过一个安详的夜晚,诸如此类;产品的意义则是那些更

全冬梅老师评注

常言道:创业难,守业更难。但对于品牌来说,两者的权重对比却有些另类了。

具鼓吹性的认识，如沃尔玛为其顾客群体描述的美好愿景——'省钱的好生活'。现在许多品牌都在标榜它们产品的高科技属性，也有暗指这些产品被后者赋予的带给人们更加便利精彩的、难以置信的新生活的意味。与此相关的还有'绿色'生活概念。"

"事实上，大家可能已经注意到，众多生产商的思路都是同时建立品牌对产品的这三种层次的属性的联系。比如，星巴克坚称它的咖啡的好滋味，并在努力改善其城市快餐的形象。事实上，在中国它已经和意味着高水准生活的小资情调挂上了钩。当然，厂商也可以选择只把品牌映射到某一层次的产品属性。另外，有时这是他们不得不做出的选择。比如，你们觉得当政府需要收税时，它怎样激励人们乖乖地掏钱？"

"高税收终将带来好生活？"张梓，就是那个瘦削男生。这堂课上课前，刘石终于得知了他的名字。这家伙总是目中无人地接话，刘石想不注意他都难。而且，这次张梓的捣蛋确实起到了正面的作用，激起了一阵心照不宣的哄笑。

奥格威先生显然没有想到，中国学生也可以对税收有着如此的幽默感。撇嘴笑了笑之后，他对品牌的建立过程做了一些补充说明："在明确了品牌和产品属性的对应之后，我们还有一个问题需要解决，那就是品牌，也就是那个烙印的形式。实际上，人们可以用各种不同的形式来标记他们的产品。"

"就好像同样是面包香肠，做成长条形就是热狗，做成方形就是三明治，做成圆形就是汉堡？"也许是受到了刚刚接话赢得的效果的鼓励，张梓显得更加口不择言了。"真是给中国人丢脸！"刘石默默地愤愤不平。

不过张梓还是成功地激起了一些没头脑的共鸣，尽管奥威格先生看起来并没有理解他的黑色幽默。他扬扬眉毛，接着说："但是最终他们发现还是文字形式的品牌更有利于宣传工作。因此，今天我们看到的所有品牌，一般都有着可以读出声音的文字名称，也就是品牌名。"说到这里，奥格威老师看向张梓，似乎想到了什么，"既然这位同学的兴致这么高，能否请你给出一些建议，即不同的产品，选择怎样的品牌名称更有利于建立起品牌效果呢？"

"……"看到张梓被奥格威提问，刘石心里不是什么滋味。被老师随堂提问在他看来是一件很光荣的事情，但是这种好事却被张梓这个捣蛋鬼赢得了，刘石觉得很不爽。

抛开刘石不谈，课堂的教学工作还在继续。先是张梓简单明了地回答了四个字

品牌的生命周期

品牌的生命周期对厂商来说是一个先苦后甜的过程，一旦投入足够，假以时日，必能有所收获。

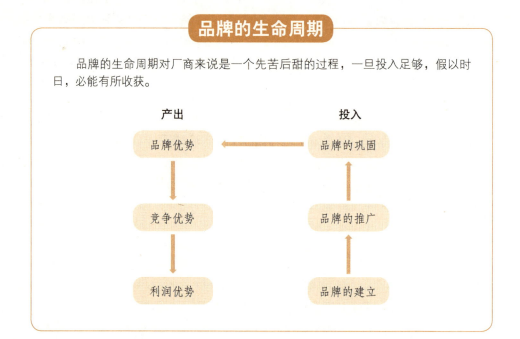

"简单明了"，奥格威老师对张梓给出的答案做出了肯定之后，开始了正式的讲解。

"一个合适的品牌名称对产品的成功大有帮助。"奥格威说道，"'宝洁'两个字，一听就让人觉得这个品牌的产品乖顺易用。如今，它已占据贵国日化产品的大半壁江山。而仅凭这可爱的品牌名称，谁能想到它是一个彻彻底底的舶来品牌呢？"

"此外，品牌名称可以选择暗示产品属性的字眼，如飘柔对应效果属性、酷派对应产品外观（Coolpad，即很酷的掌机）等，也应尽量选择那些易读易记的，如丰田、三元等，就像刚刚那位同学说的那样。"

"另外，有个性、有特点的品牌名称更容易获得成功，因为它更容易给人留下鲜明的印象。新蛋网在这点上就做得不错。不仅如此，这个品牌名还兼有另外一个优势，那就是易扩展。具有同样特质的品牌还有 Amazon（亚马逊）。如果它一开始叫做 Amazonbook，那么其之后转向全品类零售的行动将受到很大掣肘。因为亚马逊以卖书起家，但是现在已经是全品类电子商务零售商。同理，YouTube 如果转成门户网站的经营模式必然会显得不伦不类。"

"总之，品牌在命名时需要考虑的因素有很多，而建立起一个品牌需要耗费的资源更是需要企业慎重考虑的。因此在推广一个品牌之前，一定要保证该品牌的名称是经过深思熟虑的。不然在营销攻势展开很久之后推倒重来，其中浪费的资源将是让人痛惜的。"

对奥格威的讲解,刘石还是持肯定态度的。不过另一方面,他怎么都看不出奥格威本人对这些道理有多么持重——这个中年男子,讲述所有内容时都是风轻云淡的。

🔑 品牌的延伸

"老师,您刚刚讲到了品牌形象对厂商业务发展可能产生的阻碍作用,那么怎样才能让一个品牌与一家企业的业务共同成长呢?"陈艳问道。

"这个问题提得非常好。事实上,我正打算把这部分内容作为本课的结尾。"奥格威抬眼看了下教室后墙上挂着的大钟。

"首先,无论何时,一个品牌想要长久地维持其在消费者心目中的形象,适当地宣传和过硬的产品品质是基本的保障,尤其是后者。韦里逊公司每年花费超过 37 亿美元来推广其品牌,同周期内麦当劳的广告费也达到了 12 亿美元。奥妙洗衣粉在推广初期曾经大打广告牌,但是在人们了解了其强大的去污能力之后,该品牌就很少在推广渠道现身了。而随着宝洁旗下的汰渍、碧浪两大洗衣粉品牌的广告轰炸,奥妙洗衣粉的市场份额也萎缩到了只有那些它的铁杆粉丝支撑的程度——广大的中间分子被宝洁公司无情地夺去。"

"至于产品品质,更是决定性的因素。"奥格威脸上波澜不惊的神情和他讲述的内容形成了奇怪的组合,"贵国某 PC 品牌在广告和渠道上的投入并不小,但是因为质量问题频频出现,一直无法摘下其'返修率高'的帽子,以至于该品牌不得不眼睁睁地看着自己被定性为'价廉物不美'。"

"老师,请回到正题上来。"后来传出一声遮遮掩掩的嘟囔,声音不大,但刚好可以触及奥格威的神经。这位老师扬了扬眉毛,用行动回应了这个善意的提醒。

"好的,那么下面我们就来回答那个问题——如何解决企业不断扩展的业务性质和已经在消费群体中形成了固有认识的品牌形象之间的矛盾。我们先看一些案例：通用汽车公司（GM）成立于 1908 年，该公司最初只经营别克品牌汽车。为了结束当时全美汽车行业百家争鸣的局面，其老板杜兰特需要挤占其他品牌的生存空间，这时，他选择了怎样的做法呢？收购。"奥格威抬了抬眉毛，停顿了一下。

"凯迪拉克、雪佛兰、欧宝等品牌先后被通用汽车公司收购，杜兰特通过这种方式扩展了自己的业务线。而宝洁公司则采用了不同的方式，即建立新的品牌，用于标识新的业务线。飘柔、海飞丝和沙宣分别指向不同的用户需求和细分市场。"

"当然，在不使用新的品牌（无论是通过收购还是新建得来）的情况下，企业的产品线同样可以得到扩展。但这种扩展一般是渐进的，即在相关的准则下逐步拓展业务线。如贵国的苏泊尔品牌，就把业务从炊具成功地扩展到了厨房电器；美的、格兰仕这些品牌也在家用电器领域内上演着由点及面的扩张好戏。"

在讲完这段内容之后，奥格威老师就不再继续讲解新的知识了。学员们被要求回顾这节课的所学。最后，奥格威踩着下课铃，淡定地离开了教室。

 奥格威老师推荐的参考书

《一个广告人的自白》 大卫·奥格威著。该书被列为全体广告从业人员的必读书。该书包括 11 个章节，分别介绍了从如何执掌一家广告公司一直到广告是否有存在的价值。截止到 2008 年，该书已印刷过百万册。

第八堂课

梅纳德老师主讲"营销管理"

哈罗德·H·梅纳德（Harold H Maynard，1889—1957）

营销管理学家，高产学者，在营销管理理论上颇有建树。1932年出版《市场营销原理》一书，首次向世人展示他在微观营销管理方面的成就。之后，《市场营销管理》一书不断再版，使梅纳德成为了重要的营销管理学权威。

星期一早晨9:00,一个意想不到的形象出现在教室门口。

本来一身西装很好地凸显出他成熟、阳刚的气质,但他却戴了一顶极具中国乡土气息的草帽,从而使自己显得十分不伦不类;那褐色的眼眸和圆润的下巴也带有更多中国人的特征;当他摘下草帽,吹着口哨把草帽放在讲桌上的时候,学员们看到了一个"寸草不生"的大光头。

🔑 期中总结

这位老师似乎对自己特异的言行所引发的骚动已经习以为常,因此,当台下的学员们不断彼此交换眼神,甚至小声交头接耳的时候,他并没有设法平息这场骚动,而是弯腰从讲台下拿起一把落满了灰尘的大三角尺,在黑板上自顾自地横平竖直地画了几条交叉线。后来学员们才知道,这就是这位老师的"表格"。

"好啦,同学们,关于我为什么会拥有别具一格的吸引力的问题,还是放到课后再去讨论。"教师简洁明快的发音,更让学员怀疑他是不是临时来凑数的。这就是一个中国人嘛!这18堂课的老师,不都是外国人吗?不过,当老师下面的话一出口,确实没有学员再去纠结草帽和光头到底哪一个更有损绅士风度了。

"这节课呢,我们先来做一个期中总结,然后介绍一下营销管理方面的知识。当然,各位很快会发现,这两部分内容是彼此关联的。哦,对了,一会儿在上课的时候,如果有人想提问,就叫我梅纳德好了。"老师平静地说。

学员们作为经受了十年以上应试教育考验和洗礼的学生,当他们听到"期中"这个字眼时,脑海中马上会出现一个严格来说并不公正的对仗——"考试"。

于是,如临大敌的学员们顿时忘记了天气的炎热,把所有精神都集中在了梅纳德的大光头上。事实上,梅纳德本人也没想到自己简单的几句话会产生这样明显的效果,教室里空气的温度似乎一瞬间下降了好几度。

"怪不得中国学校的教室大多是不装空调的,天气热了,多考几次试就凉快了。"梅纳德很快意识到是什么让学员们产生如此之大的反应。事实上,尽管他的头皮感受到明显的凉意，却平生中头一次碍于学生的气场，没有伸手去摸。

"不过，这节课我们只是回顾一下之前课程的知识内容，并希望通过这样加强各位对营销学理论的系统认识，并没有考试的安排。另外——"梅纳德略显心虚地看着学员们，"这轮培训的课程都是没有考试的，因此大家不用担心。"后半句梅纳德没好意思说出来。私底下，他对用大量严格的考试来加强学生对知识的理解和记忆的教学方式并不敢苟同。

原来如此，学员们多少对自己的过分敏感而脸红。"这些人也太敏感了，梅纳德老师有一句话提示会有考试了吗？"刘石本就不认为会有考试出现，而且他向来对那些过分重视考试的人不以为然。

"前面大家学到了宏观营销学中的商品、职能、机构和区域这些概念。"看到学生们的表情恢复正常，梅纳德也松了一口气，推动课程进入下一部分内容。他没有意识到的是，向来自我的他，居然开始跟着学员的节奏走了。"这真是一个神奇的国度，这真是一批神奇的学生。在他们中间，我居然迷失了自己。"几天后，梅纳德在回美国的飞机上，浮想联翩。

"所有商品，针对它们的营销活动都在时间和空间上有着广泛的分布，甚至在逻辑上也是如此。"说到正题，梅纳德显得严肃了一些。"一套完整的营销活动，是由许多零散的营销环节组成的。营销机构各司其职，完全出于自身的利益需要进行经营活动。这些自私自利的营销机构衔接在一起，就构成了我们所说的营销体系。"

"可是——"张梓刚想插嘴，被梅纳德抬手制止了。"可是，这些营销机构的目标都不是有利于营销体系整体的，这样的组织形式，真的足够完善吗？会不会出现营销机构为了私利，做出有损整体营销活动的事情来呢？"

"啊，对对对。"张梓嬉皮笑脸地看着梅纳德，一副和老师很熟的样子。

"事实上，营销体系内部，有着一定的自我调节机制。"科学规律是客观"上帝"在自然界中布下的"咒语"，在解读这些"咒语"的时候，梅纳德显出了一位科学工作者应有的恭敬。"比如，不同的营销机构之间，就有着相互制约、相互影响的机制。"

"沃尔玛的营销人员之所以能够保证天天低价，正是因为该公司的采购部门能够找到合适的供应商，从而以更低的成本采购足够好的商品；同样，信息技术部门必须提供高效的数据搜集、分析服务，才能让其他部门在做出营销决策时有据可依。"

"不仅在一个营销机构内部,营销职能部门彼此之间相互制约,在不同的营销机构之间,也有着影响力足够强的联系。"随着知识内容的展开,梅纳德正式进入了一个传道者的角色,对其中的前因后果侃侃而谈。"麦当劳在全世界有着3万多家分店,每天接待4600万位顾客,这家公司的成功秘诀在于和特许经营店乃至于其他合作伙伴保持良好的合作关系;全球最大的化妆品制造商欧莱雅,向它的供应商提供卓有成效的技术支持,以确保提供给它的产品严格符合标准的要求。"

营销管理

"但是——"张梓的脑子很快,但是很多时候记性不好,刚刚被梅纳德制止过一次,这次又旁若无人地打断老师的话。不过,看不过去的刘石很快心情舒畅

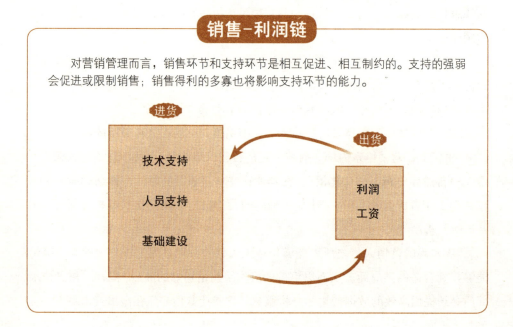

销售-利润链

对营销管理而言,销售环节和支持环节是相互促进、相互制约的。支持的强弱会促进或限制销售;销售得利的多寡也将影响支持环节的能力。

进货:技术支持、人员支持、基础建设
出货:利润、工资

了，因为梅纳德又一次抬手示意，捣蛋鬼不得不悻悻坐下。

"但是，营销体系内部这种程度的自我调节能力，还不足以保证营销活动不会因部分环节的不配合而遭受重大损失。"梅纳德郑重地给出了这堂课最重要的结论：因此，"营销是需要管理的。我想，经过上面的说明，各位应该对这个结论有足够的信心。"

"确实。"刘石在心里暗暗点头。营销作为经济的一部分，必然要符合经济学规律。而成熟的市场理论，早就揭示了完全自由的经济是无法保证全社会利益的最大化的。就好像人类拥有了高度发达的脑神经系统，才能在生物种群的竞争中占得优势一样，经济体系也必须有一个类似于头脑的部门来统辖它们的活动，也就是管理部门。因此，对于作为经济活动的一种的营销行为，有效的管理也是必需的。"也许自由和管理并重，就是由智慧生物发起的经济行为所共同遵守的哲学吧。"他想。

"管理，也就是management，其本意是用手操纵和控制。对于现阶段的营销管理来说，其管理行为中的手，是来自于管理部门的指令；而被这只手操纵的对象，则是各职能部门营销行为的量化指标。"

> **全冬梅老师评注**
>
> 任何管理行为都不能蛮干、一头热，需要考虑被管理对象内外部的影响因素。

"老师，为什么营销管理的对象只有量化指标，为什么没有对定性工作的约束呢？"陈艳很快反应过来梅纳德表达中隐含的意义。

"确实，本也应该有对定性的约束，不过，这里我们考虑的是职能和机构都已经划分好和建立起来的情况。在这种情况下，定性工作已经完成，所以只需操纵各职能部门的行为定量来实现利益的最优化了。"看得出来，这些话梅纳德说得有些犹豫。显然，他是担心如此抽象的解说，是否所有的学员都能听懂。不过，既然那名干练的长发女学员在提问时已经拔高至此，他也只能硬着头皮去回答了。

果然，听完梅纳德的解答，教室里除了陈艳、刘石、赵哲和其他少数学员面有所悟之外，大部分人的目光都有些离散。

"当然，定性是定量的基础，一会儿我们在介绍职能机构的营销管理的时候，也会涉及定性的知识，所以大家不必担心会漏过这方面的知识内容。"听到这里，刘石多少有些失望，为什么梅纳德不专门讲解营销管理的定性方面呢？可是当梅纳德说出下面的话时，他的失望就烟消云散了。

"其实，关于营销活动的定性管理，我们在下一个小节中会专门介绍。只是因为实际的营销管理中，绝大部分工作是定量的，所以我们才先介绍具体的定量管理，之后才介绍更具有决定意义的，但实际中较少进行的营销定性管理，也就是营销战略的内容。"

"好了，那么下面我们就开始介绍营销实务的内容。"说着，梅纳德转身在刚刚上课时画下的表格中填充了"计划""实施""监控""分析"四个名词。

"各位知道，任何营销职能部门都有着他们的运营目标。比如分销机构看重分销的速率，生产部门看重生产的质和量等。为了保证这些目标的达成，它们都会制定一系列的行为计划，这些计划构成通向目标的一个个阶梯。之后，它们还必须实际地执行组成这个计划的所有营销活动，这就是对计划的实施。此外，为了判定实施的效果是否达到了计划的预想水平，并在未达到预想水平时适度调节营销活动的量化指标，管理者需要监督和控制这两种管理手段。而分析则提供管理行为所必需的数据信息，并承担所有的评估、计算工作。这幅流程图可以直观地看到这几个营销管理手段的属性和它们彼此之间的关联。"梅纳德拿出一张卡片，显然是新做的。

"看来培训老师的教学活动得到了学校的大力支持。"刘石想道，"这张卡片明明就是学校常用的纸卡道具。"

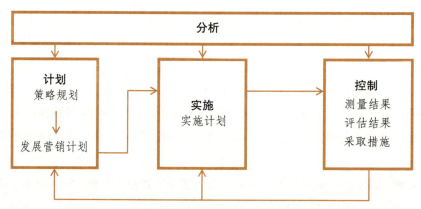

"各位可以看到，事务性的营销管理活动都是有着严格的量化指标的。如果它们彼此之间在量化指标上无法完好地契合，那么整体营销活动就会变得一团

营销活动的管理

　　无论在职能部门内部还是外部,营销职能部门都会受利益的驱使自我调整;当这些自我调整无效时,则需要管理者以营利为目标,把组织、架构、人员、培训、绩效、考评、薪资等众多要素综合制订、优化实施。

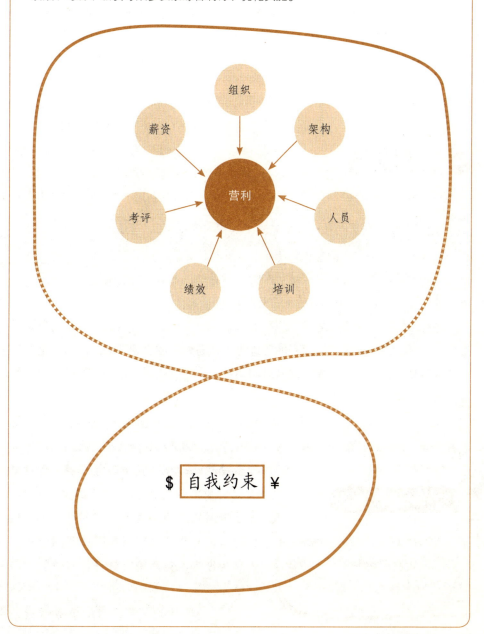

糟。除非前一个阶段的管理工作已经完成，否则下面阶段的管理工作是无法进行的。计划、实施、控制和分析四大管理活动必须依据上面显示的逻辑来安排和组织，否则不但对营销管理的定性工作进行不下去，后面的量化工作也成了无本之木。"总结完事务性的营销管理内容，梅纳德看了看时间，语速随之加快。

"我们的时间不多了，现在进入下一个小节——营销战略，也就是刚刚那位女同学所关心的营销管理的纯粹定性部分。"

营销战略

"此前，其他老师已经给各位灌输了这样一种思想，'目前所进行的营销学研究，绝大多数是从卖者的角度出发的'。那么在这里，对于营销管理而言，各位需要明确的是，其出发点通常是'在给定产品的情况下，去围绕这些产品进行营销'。因此，我们往往是无需也无法选择产品的。"

这时，梅纳德"聪明绝顶"的脑瓜开始显出它正面的价值来了，他的授课显得条理清晰，主次分明。他锐利的思维可以轻易地驱散真理外围的迷雾，把知识赤裸裸地呈现在学员的面前。刘石刚刚还觉得自己有些无法言说的驽钝，现在都一扫而光了。

"因此，大家可以看到，其实在任何营销活动开始之前，概念级别的营销要素就只缺一样了，那就是买者（卖者就是正在绞尽脑汁琢磨营销管理的这些人）。而营销战略的核心就是确定买者，也就是通常所说的目标市场。只有确定了买者，才能针对这部分买者的特有属性，包括他们的空间分布、对产品和服务不同属性的敏感程度等，对营销实务进行有效的调节和整合。"

"这也就是上一节讲过的事务性营销

全冬梅老师评注

营销战略是营销目的的延伸，它衔接着营销活动的宏观方向和微观行为。

了。"刘石开始理解梅纳德为什么要先介绍事务性营销管理的内容了。现在看来，简单按照从战略到事务的顺序讲解营销管理知识，这一套完整的知识体系会把学员的思维战线拉得过长，最后使大家因过度疲劳而陷入全面遗忘。

"一般而言，一种产品不可能同时满足所有人的需求。诺基亚的'直板+按键'机型在欧洲大受欢迎，但在亚洲却受到了来自日韩的折叠手机的强力狙击；基于计算机操作系统 Linux 的 iOS 和 Android 智能手机操作系统给全球大部分用户的生活带来了便利，但是很多老人拿到载有它们的移动电话时却连语音电话都不会拨打了。因此，为了对一种产品进行有效的营销，就必须先确定细分市场。这也是建立营销战略的第一个步骤。"

如刘石所想，梅纳德现在要做的就是趁学生对事务性营销管理印象尚且深刻的时候，用营销战略为营销管理的躯体注入灵魂。这也是他之所以提高语速的另外一个原因。

"老师，一种产品对不同人的吸引力的差别，应该并不总是那么显著吧？既然如此，卖者应如何在只进入最有利的市场和同时进入多个细分市场这两种方案之间进行选择呢？"陈艳举手问道。

梅纳德答道："确实，细分市场是建立营销战略的第一步。从属性上来看，这一步仅仅是对市场本身的认识和分析，并不涉及任何有关营销活动的决策行为。但是在下一个步骤中，营销管理者将不得不做出这个艰难的选择。"

"一般而言，任何一个市场的容量都是有限的。因此很多公司会选择先进入对其产品接受度最高的市场，待营销业绩在该市场内的增长开始放缓时，则尝试进入下一个对其相对有利的细分市场。比如，欧美国家人民收入水平高，对这些市场行销的产品盈利的空间也更大。因此，丰田汽车就曾以打入美国市场为其第一要务；华为公司也在欧美市场投入大量资金来推广自己的通信产品，即便是在两地议员充满苛责的审视之下也一直顽强地坚持着。但是前者在发达国家乘用车市场饱和之后开始转向政策风险更大，但市场预期更大的中国市场；后者则提高自己终端产品在美国的标价，以向美国消费者展示其强烈的民族主义情结。"

对于梅纳德的未尽之言，刘石也颇有体会。无论是丰田的高生产率，还是华为的成本博弈，都是它们获利的工具。对于任何行业来说，那些光怪陆离的标榜和行销手段背后，都是商人们贪婪的嘴脸。可这就是人性，不是吗？

"当然，按优先级进入不同细分市场的方针并不是管理者们在营销战略的这一步骤上进行决策时的唯一选择。财大气粗的、或是盲目乐观的企业可能同时进入多个相对优势市场。英伟达的图形处理器在发达国家行销的利润更高，但是他们仍然不时地在中国首发部分芯片型号。而坚持小众路线的供应商和资源有限的卖者则会选择进入所谓的'利基市场'。"

随着授课内容转向营销战略方面，新知识在梅纳德传递给学员们的总信息量的占比明显提高。学员们的目光一刻都不愿离开老师。

"所谓利基市场，即niche market，也叫作缝隙市场。其最终意源应该是'挤进'，但是这只是我个人的看法，我涉猎过的字源著作并没有提到这一点。事实上，对拉丁语系的音义分析很可能是我弟弟独创的一门学问，尽管他还没有来得及做好推广。"说到这里，有那么一瞬间，梅纳德的目光在虚空中定格了。很显

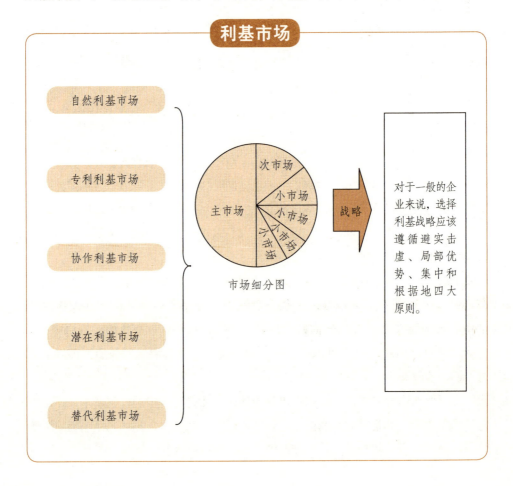

然，他弟弟在他记忆中的印象是深刻的。

"法拉利每年在美国以非常高的价格销售拥有极高性能的汽车；罗技公司的鼠标功能强悍，该公司正在努力使其鼠标在越来越多的场合下成为用户首选的人机交互界面。"定定心神，梅纳德的思维触角又回到了产业界。

"利基市场虽然通常很小，但也正是因为它的这种特性，使专注面向其营销的竞争产品更少，这就使利基市场上的卖家通常有着更大的盈利空间。当然，从买者的角度来看这却不是什么好事——他们往往不得不接受更慢的产品技术更新、远逊于竞争条件下所能拥有的产品体验和不得不去接受的高昂售价。"

利基市场这个名词，刘石是第一次听到。但是利基市场上的产品，刘石却早有体会。前些年她姐姐不幸染上了肺结核，本以为这种百十年前就已经广受重视的疾病，必然已经有了十分完善的治疗方案，结果实际去了解后才得知——由于在西方国家肺结核早已被消灭（西方国家卫生意识强，已经从习惯上杜绝了肺结核的传染，因此多年来罕有此类病例），因此制药公司不愿为此投入大量精力研发先进药物。结果就是，他姐姐不得不接受几十年前就固定下来的药方，这些基于当时的研究水平的药物会在很大程度上伤害她的消化和呼吸神经系统。

"最后，在决定要进入一个细分市场之后，卖者还需要确立自己的产品在该市场中所有竞争产品中间的地位。换言之，就是买者对该产品相对特点的认识，也就是对该产品品牌的认知。"

"滴——"死气沉沉的电铃声打断了梅纳德的解说。显然，这位真诚、随性的老师没有安排好授课进度。"不过也没差多少。"刘石认为。因为不仅他自己没有在梅纳德已经讲授的知识体系中发现知识空白，在向来注重知识体系完整性的陈艳的脸上，他也没有发现有失望的神色。

而且，即便是被下课铃强行打断的市场定位知识，在随后是有专门的一堂课对其进行详细介绍的。因此，在梅纳德把草帽再次扣在头上后向学员们躬身告别的时候，眼中也尽是稳重与坦然。

梅纳德老师推荐的参考书

《市场营销原理》 梅纳德与韦德勒、贝克曼合著。该书介绍了早期学者们就营销学中一些具体问题的研究成果。书中资料丰富，但由于成书年代久远的问题，学科体系尚不成熟。

第九堂课

布里斯科老师主讲"市场"

阿瑟·诺里斯·布里斯科（Arthur, Norris Brisco，1876—1944）

早期的一线市场研究者，关注零售购买和信用、销售人员的组织等方面。他著有《经营经济学》《论零售信用》和《零售商的采购》等书，对市场中的个人和企业消费理念十分熟悉。

这一天，刘石有些莫名的烦躁，被赵哲戏谑为"生理期"。他随赵哲走进教室，本想静一静心神，可是教室里却出奇的热闹。

"今天怎么回事？"经过陈艳的座位时，刘石半是无奈半是好奇地问她。他视线所及的范围内，只有这个女生没有受到影响，在安然地翻着书页，仿佛周遭发生的一切与她无关。

"……"陈艳犹豫了好一会儿，才没好气地告诉他，"他们找到一款根据心情变化测定生理期的应用，iOS6 的，正在互相传呢。"说完，她又扭头看书去了。

🔑 市场的中心

"对了，"刘石还没来得及享受座椅尚存的凉爽，刚刚脸上还挂满"请勿打扰"的陈艳又回过头来目露轻佻地看着他，"据说对一些男生的生理期测得也很准。"

"这也太巧了。"赵哲转过来看向刘石，抬眼却遇到了后者投来的恶狠狠的目光……

同龄人在一起的日子总是充满了欢笑，可是上课的时间终究会来，大家还是要收敛心思，履行自己作为学生的义务。就在教室里的喧闹终于平静一些的时候，一位戴着19世纪末正圆样式眼镜的绅士走了进来，目光在那些匆匆把手机塞进兜里的学员身上扫过。

"真是的，"刘石不免在心中不满，"在自己人的课堂上随便也就罢了，丢人丢到外国人面前去了。"

这时，任课教师的一句话让刘石大跌眼镜。"各位不用着急把手机收起来，没关系的，我布里斯科上课，没有那么多无用的规矩。"来人微微笑着说道。"事实上，各位对苹果产品的热衷，正是我们今天这堂课要讲到的内容之一，即消费者购买因素。"

布里斯科的笑容和大多数人不一样，他的嘴角是略微向下撇的，于是每次他的笑容都是先向两侧下方延伸,直到咧到最后才开始上翘。

"同学们,那么我们这堂课的主题又是什么呢?"每当老师用这种说半句留半句的方式来试图激起学员对后续内容的兴趣的时候,张梓总是不合时宜地想立即得到答案。

布里斯科环顾四周,自问自答:"我们这堂课的主题就是市场,确切来说,是基于卖家视角的市场。因此,这个市场的特性也都是从卖家角度来看待的。"布里斯科个子不高,但是说话时喜欢微微扬起头,给人一种把握全局的印象。

"就是说,这节课我们研究卖家?"张梓焦急地问道。

市场的中心

市场上,从不同成分的角度看,受关注的焦点也不同:卖者关心买者,买者关心卖者。

"不不不,"布里斯科摇了摇头,"恰恰相反,这节课我们研究买家。各位回忆一下,我刚刚说,研究卖家视角的市场,那么市场中,从卖家的角度看,能看到什么呢?"

"买家。"赵哲总是一锤定音。

"对,是买家。"应该是由于昂着头的原因,布里斯科点头的幅度比较大。"卖者只有充分了解买家,才能以正确的方式贩售自己的产品和生产出更加符合买者要求的产品。因此,对于卖者来说,买者就是市场的中心。"

"那么老师,虽然说这节课的主题是市场,但是核心内容却是市场上的买家?"张梓不依不饶。

"嗯。对。"布里斯科想了想,又重重地点了点头。

那么,这和苹果的产品又有什么关系呢?刘石心中还有不解。

"在美国,有'苹果脑袋'这样一个名词,它指代的是那些狂热地痴迷于苹果产品的人。这些人购买一切最新的苹果产品和配件。他们已经不能算是苹果商店的常客——事实上,他们几乎已经住进了那里。"不知道是不是因为嘴角角度的问题,刘石觉得布里斯科的浅笑总有种轻蔑的味道。

"他们每个人购买两台iPhone移动电话,一部用来使用,另外一部则用来拆开来看——他们想了解这样一个神奇的小盒子里究竟装了些什么东西。对了,这些人在某些时候还会变身为可怕的'恐怖分子'。比如,你一定不要在他们面前提起'微软'二字……那么,苹果公司是如何做到这一点的,它赋予了苹果的产品怎样的魔力,才能让用户对它们如此痴迷?答案是体验。"

很明显,这个家伙也是一个"苹果脑袋"。刘石默然。他个人对苹果的产品倒是并不迷恋,他觉得苹果产品的灵魂是在应用程序,而非硬件本身。而应用的开发工作,则都是第三方开发者完成的。当然,他无法指望所有人都像他一样对科技产品有着足够丰富而清晰的认识。

"苹果公司对用户需求有着足够的偏执。有分析家指出,该公司'迷恋于'研究苹果用户的体验。因此,我们看到,"布里斯科站直身子,像是要宣布一件重要的事情(他刚刚在全心投入讲解苹果公司的

全冬梅老师评注

人们的眼中所见,永远都不是自己,而是对方。买家货比三家找便宜的卖家,卖家则给予那些出手阔绰的买家尊崇礼遇。

时候,上身甚至发生了前倾)一样,"研究买者的行为模式、驱动和抑制他们购买某种产品的因素,是卖者的核心任务之一。下面,我们就先来了解一下影响消费者行为的因素。"

🔑 消费者行为

"针对消费者行为的研究,在20世纪初期就已经开始了。"布里斯科抬手扶了扶眼镜,也许是刚刚讲得太投入,这副天生头重脚轻的光学产品有些滑落。

"经过多年的研究,我们已经知道,"布里斯科边说边踱到黑板前,列写了一些具体的消费者行为因素,"影响人们消费习惯和行为的因素,可以大致划分为文化、社会、个人和心理四个大的类别。"

"其中,又以文化这个概念涵盖最广。"布里斯科低头整理了一会儿思路才抬头说道,"它被认为是一个群体中,通过后天教育而形成的特有的价值观念和行为模式的集合。一家不熟悉目标市场人群的企业,很难保证自己的产品在该市场中立于不败。贵国有一家公司就曾因在印度贩售牛皮制品和含有牛油成分的食品而受到强烈抵制甚至抗议。当时卖家也很委屈——这些人干吗那么优待牛呢?"

对宗教信徒的集体偏好,刘石这个无神论者一直都漠不关心,不过作为企业不进行文化调查就贸然进入该市场,确实值得反思。

"至于社会因素,比较有趣的是'意见领袖'这样一种现象。"布里斯科歪歪头,显示出直到现在他仍然对这种现象背后的深层原因颇为好奇。

"青少年崇拜迈克尔·乔丹和科比·布莱恩特,所以这些球星脚上穿的篮球鞋总能激起孩子们竞购的热情;很多人打高尔夫球并不是因为他们喜欢用棍子把小球不断地拨弄进一个个地洞,只是因为他们看到那些最为成功的人经常这么干。"

全冬梅老师评注

对消费者的研究,究其根本就是对他们行为心理的研究。

刘石想到,很多教辅的消费者虽然是学生,但是在内容组织上它们倾向于接手教师负责的一些工作,因此深受教师群体的欢迎。而作为学生的意见领袖——教师就会向他们推荐这种教辅,结果导致教辅的热销。

"家庭关系是社会网络的一部分。"布里斯科接着说,"充分考虑家庭成员对直接消费成员的影响,是卖者需要做好的工作之一。虽然表面上看来,家庭中的女性成员花掉 GDP 的 2/3,但是为她们掏腰包的却往往是男人。因此,一个不尊重陪同而来的男性家庭成员的促销员,往往只能眼睁睁地看着女主顾被她们的丈夫硬拉到隔壁店消费;而方便家长控制的儿童玩具也被证明更加热销。"

听到这里,赵哲回瞪了刘石一眼。他想起来,这家伙早上硬是把自己从一家冰激凌店拉走,理由是这家店的女服务员从来都"拿鼻孔说话"。结果,两个人后来在路上一直都没有找到冰激凌店,最后是咽着吐沫走到学校的。

"老师,您刚刚说的这些因素都很重要,而个人因素是影响消费决策的首要因素吧?"陈艳礼貌地提问。

"嗯,对。"布里斯科的下巴大幅度地上下摆动了几次,肯定道:"确实,我们生活在个性解放的新世纪,那些来自社会文化和家庭建议的影响,已经远不能像在几百年前那样深刻影响人们的消费行为了。事实上,出于个性化甚至叛逆因素的影响,人们甚至会做出与社会影响相反的行为来,让消费行为变得更加难以捉摸。证券市场上就总会出现一些逆势而为的投机客。当然,行情逆转的幸运之饼确实偶尔也会砸到他们头上,但这显然不是正确的投资方式。"

"老师,"刘石发问,"正确的投资方式是什么呢?"

"呃,这个嘛,"布里斯科晃了晃脑袋,"证券投资的知识涉及很多数学原理和金融市场的运作知识,并不是一时半会儿可以讲清楚的。但是,在这里有一点我可以提醒大家,那就是,短期内正确的投机方式,未必不会赔钱;而错误的投机方式,未必不会赚钱。但是在长期上,正确的方法总会赚钱,错误的方法必然赔钱。"

购买者的决策过程

"前面我们讲到了作为市场中心的消费者和影响消费者行为的若干因素,这些都是相对笼统的知识。笼统的知识可以让人们对消费行为有大体的认识,但是在实际应用时却一定会显出实用性不足的缺点。"布里斯科认真地看了看学员们,"不过,下面要介绍的是具体的,也是更具实践指导意义的内容了,那就是购买者的决策过程。"

"既然我们要讲的是一个过程,那么它一定由多个步骤或阶段组成。购买者的决策过程包括需求识别、信息搜集、可供选择方案评估、购买决策和购后行为。"

说完,布里斯科决定给学员一些时间让他们记住这些概念。不过很快,他否定了自己的做法,回身在黑板上画出了购买过程的流程图。

"其中,需求识别是指消费者自身产生一种需要被满足的欲望,并被主观意识所感知到。这些欲望来源于人们的各种本能。此后,人们便会在各种媒介上查询能够满足这些欲望的产品或服务,这就是信息搜集的过程。在这个阶段中,被用作参考信息平台的,可以是人脑,也可以是公众信息查询服务平台或互联网。由于生产水平不断提高,可用来满足人们同一个欲望的产品和服务越来越多,而同一时间一个消费者仅需要少量的这些商品就可以实

全冬梅老师评注

消费者决策过程中的任何一个环节,都是卖方营销活动的切入点。

现他们的目的，因此他们会根据一些规范来选定自己的购买对象。这就是方案评估的过程。最后，消费者还要找出最适合自己购买商品的地点和时间，当然还有购买商品的数量，这就是购买决策。此外，购买到目标商品之后，产品体验将会转化为可以用来驱动下次购物的经验。因此，我们把它也列出来。"

"就好像各位首次来到这间教室的时候，一定会抱有'听听看'的想法。如果来此客串的老师能力不足,你们中的很多人就不会再来了,对吧?"

听到这里,刘石颇有些脸红,甚至有些不敢正视布里斯科那带有戏谑意味的笑容。这次布里斯科的嘴咧得很大,就是明显歪了。

🔑 机构购买者

"好了,介绍完个人消费者的相关内容之后,我们来看一下机构购买者的行为有着哪些特点。这对卖者同样重要,甚至对某些卖者来说尤其重要。因为在它们所在的市场上,往往只有机构买家。"

"老师,机构消费者和个人消费者的行为特点不一样吗?"后排传出粗重的男声。

"嗯。肯定是有不同之处。不过两者都遵循消费者的共同规律。因此,只能说是大同小异罢了。"布里斯科轻描淡写地评价道。

"事实上,机构需求是个人需求的衍生品,它最终还是要服务于个人消费领域。举例来说,政府每年都进行大手笔的采购,这吸引了大量的卖者到该市场上进行角逐。而这些采购而来的商品,最终都将用于对国民进行更好的服务。"

"老师,机构市场上回扣很多,这算是它的一个区别于个人消费市场的特点,对吧?"前排"窘男"煞有介事地问道。自从他有幸成为这轮培训首个被任课教师忽视的提问者之后,刘石就一直在心里这样定位这个寸头小子了。

"呃……也对。"布里斯科转了好一会儿眼球,才缓缓地回答。很显然,这名学员的天真和直率"雷"到了他。

"你们所谓的'回扣',我们经常称之为'佣金'。在很多场合,不论是个人消费市场

全冬梅老师评注

机构买者有着不同于个人买者的特点。由于订单本身往往很大,它们更重视商品的折扣,卖者甚至不惜给付普通人看来是天文数字的佣金。

还是机构消费市场，佣金现象都是存在的。但是由于机构市场的单次交易规模往往大于个人消费市场，因此，其中的佣金在数字上常常是很可观的。"

刘石很不情愿地想到了"腐败"，但很快意识到这并非老师所指。"什么时候才能破除这种全民的意识过敏，还国家一个洁净的'行政蓝天'……"这个十几岁的少年暗自摇头。

"通用电气向全球消费者提供了有着巨大数量和繁多种类的产品和服务，它的NBC广播电视平台提供了包括电视节目、网络内容甚至主题公园的服务。美国人的生活中到处可见其产品的身影，电冰箱、炉灶、洗衣机、烘干机……但是如果有人翻开该集团的账目报表，他会发现，其实终端消费品对该公司的财务贡献仅为机构市场利润的1/2。"

随着布里斯科对通用公司骄人业绩的娓娓道来，刘石注意到他脸上的轻蔑似乎为尊崇所代替。

"当然，机构市场为卖者带来的利润虽然丰厚，但客户的要求往往要比终端消费者高出很多。因此，可以说，这笔钱也不是那么好赚的。"布里斯科状似无奈地偏偏头。"一批喷气式引擎的交易有着漫长而曲折的过程，在机构购买者中担任不同岗位的几十个甚至上百个可以影响到购买决策的人，还有在背后对他们施加影响的人和事，这些达成这笔交易的变数，使得一个需要双开门节能冰箱的消费者在购买中所产生的犹豫无限放大。"

"为了便于说明和对比，我们以类似于终端消费者的方式给出影响机构消费者，也就是所谓商业购买者的主要因素。"

于是，黑板上出现了另一栏因素。

"比如,哈萨克斯坦和通用机车的交易,就受到诸多因素的影响。受到国际政治环境的影响,哈萨克斯坦铁路公司采购的310辆铁路机车,有10辆在美国组装。直到确定在哈萨克斯坦组装不会引起地缘政治变动之后,哈方才取得剩余机车的组装权。"

"此外,在购买决策方面,商业购买者也需要对复杂的内部意见做出慎重的梳理。大型的商业采购往往要求详细的产品说明书、书面的采购程序、认真的供应商搜寻和十分正式的审批。不仅如此,商业购买者还有着更实际的与个人购买者相区别的特点。"

"一家成熟的采购商,绝不会被动地在有采购需求时才和供应商联系。很多公司都有供应商发展计划,这使得他们与供应商的关系从对抗转为了紧密合作。沃尔玛的采购部就被供应商发展部所代替。瑞典家居用品巨头宜家家居(IKEA)以深入影响供应商的生产环节而著名。"

"对于宜家这种零售商来说,店面和客源都是稳定的,因为它已经拥有足够的品牌号召力。为了维持它的品牌形象,宜家需要优秀的供应商去给它生产符合它要求的产品。它现在依靠54个国家的1400个供应商来填充它的货架。为了维持稳固的货源供给,宜家对供应商有着各种支持。这种客户反哺供应商的现象,在个人消费领域是找不到的。"

"老师,这堂课您为我们介绍了卖方视角市场上的主角,也就是买方。这是不是意味着,以后还会有专门的课程来介绍卖方呢?"张梓说出了刘石心中早已产生的问题,共同的问题把他们联系到了一起。当然,对此张梓毫不知情。

"嗯。这个嘛……"布里斯科先是看看张梓,而后又将目光在教室前方扫过,"可以说有,也可以说没有。我之所以这么说,是因为其实这轮培训的绝大部分内容都是在围绕着卖方进行讲解的。而营销理论的主角,本就是卖方。只是因为在教学中过分强调卖方会造成买方理论空白,所以才专门开设了介绍买方知识的课程。"

"原来如此。"刘石的目光凝聚到一处,思索了一会儿,点了点头。当他再抬起头来的时候,讲台上已经空了,布里斯科已经踩着下课铃踏上了归途。唯有黑板上略显圆润的字体告诉人们,这里曾来过一位非常可亲的学者。

布里斯科老师推荐的参考书

《**零售信用**》 布里斯科著。书中记载了布里斯科几十年对零售活动中信用状况的了解,突出了其中存在的问题,并给出了有建设性的解决方案。

第十堂课

切灵顿老师主讲"销售员"

保罗·特里·切灵顿（Paul Terry Cherington，1876—1943）

切灵顿是营销学早期哈佛学派中最早崭露头角的一员。他师从海杰蒂，在海杰蒂的指导下，他搜集了很多渠道方面的资料，这对他以后形成对渠道的深刻理解有着巨大的帮助。1920年，他的《营销的元素》（也称《营销学概论》）出版。

"师傅，麻烦您快点儿，我要迟到了。"副驾驶座位上的刘石急切地请出租车司机提高车速。

"我说小哥，你让我快我也快不起来啊。这上班时间人多车多，横穿马路的也有，逆向行驶的也有。我这车速要是一上来，有个磕碰，你给我赔？"

听到司机这么说，刘石顿时无语。为了躲避人流和车流，他答应司机绕远路走刚开通的开发区大道。那可是双向8车道的大路啊，笔直通畅路口少，还没有隔离带。这要是车好，随随便便就可以开得飞快。放眼望去，路上压根儿就没几辆车。

人员销售

等刘石匆匆付过车钱，一溜烟跑上楼到教室门口的时候，这堂课的任课老师已经有滋有味地在介绍销售员的相关内容了。"各位知道，很多知名跨国公司的老板都是销售员出身。贵国商人的榜样李嘉诚，就是靠做五金推销员起家的……"

当刘石最终坐到位子上的时候，心里暗恨自己没向出租车司机要发票。

"这位老师叫切灵顿，算是早期的渠道学者。"赵哲偏头向刘石介绍道，并把刘石的思绪拉回到正在进行的课程中来。刘石抬头看了看讲台上的中年男子——标准的西方面孔，体形略显肥胖，头顶也已经秃了一半。

总的来说，这位老师的形象本身很难招徕学员们的好感，但是和他所讲授的内容却很贴近。他确实像极了在工作上精于算计，而回报上相当富足的销售员。

"因此，很多人都对销售岗位十分感兴趣。但是事实证明，一个优秀的销售员所要求的素质，并不是所有人都具备的。后面我们会专门用一个小节的时间来介绍销售人员的素质和选拔。但是现在，我们先来关注一个基本的问题——什么是人员销售。"

"人员销售是世界上最古老的职业之一。从事销售职业的人还被人用以下称谓称呼：销售代表、地区经理、客户经理、销售顾问和销售工程师等。阿瑟·米勒笔下的《推销员之死》中可怜的威利·洛曼也是销售人员，只是他是不成功的一个，尽管并不是唯一不成功的。"

切灵顿的双目深陷在眼窝里，又躲在眼镜后面，加上他似乎有意为之的闪烁，让人们很难通过他的眼神来了解其内心世界。但是从他的言谈中，刘石推断，这是一个见惯了生意场上的或是极度光鲜或是彻底潦倒的销售人员形象的"老油条"。这种人的本心对他和对旁人来说已经不重要，他的一切思想、行为都可以遵循后天的社会经历来解读。当然，刘石是没有这些信息的。好在他也无需了解这个人，而只需辩证地接受他传授给学员们的思想和认识就可以了。

"销售人员，也就是 salesperson，他们的实际工作可能多种多样，可能只需站在柜台后接受顾客付款后拿到的单据，同时把商品交付给对方；也可能需要连续数周殚精竭虑地设计一项精彩的、富有创造性的营销计划，以促成一笔交易的完成。"切灵顿轻描淡写地说道。

"老师，您好像还没说明销售人员在整体营销活动中的角色。"陈艳似乎也对这位老师缺乏好感，至少刘石不记得她曾如此生硬地打断过老师的授课。另一边，赵哲看向她的目光也显得有些异样。

"……"很显然，切灵顿发现自己点头应允让其提问的这个小姑娘，所关注的知识内容恰恰是在自己预计要讲授的范畴之外的。因此，他沉默了好一会儿。就在刘石开始怀疑他不仅仅是在思索这个问题的答案，也许还在怀疑"这个小姑娘是否对我有所不满""我能否拒绝回答这个问题"这些事实存在的可能性的时候，这位鲜有面部表情的老师终于开口了。

"很抱歉，各位。我之所以要回想这么久才对这位女士的问题做出回应，是因为我已经不知道多久没有回想这个问题了。事实上，我仅在一次学者的聚会上听到有人讨论这个问题的答案。而我必须坦诚地告诉大家，我从未思索过这样一个过于理论化的问题。"

在他说话的时候，刘石还是看不清他的眼睛到底在看谁。如果说眼睛是心灵的窗户，那么把窗户开得那么深，是否就意味着主人把自己的心也埋藏得很深呢？

"不过，我刚刚还是努力地回忆起当时那位学者给出的答案。事实上，当时他的答案受到了与会成员的一致好评。不过我是凑数的，所以并不关心——我向来对那些过分理论化的问题比较轻视，事实上我的贡献也主要集中在对销售实务

全冬梅老师评注

人员销售是时代产物,也是行业产物。直到今天,在很多领域里,销售员的地位仍然无法被撼动。

的研究上。"在大费口舌地进行了自我辩解之后,切灵顿终于给出了那个刘石也十分关心的答案:"当时,那位学者认为,广告和人员营销,都是对产品功能的扩展。具体来说,广告使产品长上了翅膀,以至于可以飞到广大客户面前让自己得到了解;而人员销售,则是对销售产品附加的一种服务。"

"也就是说,对于特定的商品营销而言,广告是对该产品本身的革新,而人员销售则是商品之外,用来增加其价值的附加服务?"陈艳不动声色地追问道。显然,切老师刚刚大篇幅的自我解说没有打动这位头脑不凡的姑娘。

"嗯。确实。我记得当时那位学者还讲到,广告和人员销售,其根本目的是增加商品的价值含量,让消费者在支付相同的成本的时候,得到更大的价值。正是因为这个原因,人们才会更加倾向于购买经过这两种强化手段处理后的产品。"

听到这里,刘石心里不由一震:"原来如此!虽然表面上客户是被销售员的口若悬河说服了,以至于更多的销售员认为客户是可以被"忽悠"的,但是实际上没有客户是傻子,他们最终选择购买被这些销售员吹上天的产品,很多时候并不是真的相信了他们不着边际的宣传,而只因为他们觉得这些产品被附加上了这些解说服务,自己花同样的钱购买它们,得到了更多的价值。

🔑 销售员的业务流程

"好了,刚刚已经回答了人员销售在销售活动中的地位这个问题,下面我们就具体来讲一个销售员的工作流程是怎样的,也就是实际的销售工作是怎样开展的。相信在座的很多人都对此有一定兴趣。"切灵顿边说边深深地看向学员们。

"通常来说,销售员的工作都是建立在对客户的拜访的基础之上的。正因为如此,那些对与人交往头疼的人，在销售员的岗位上是不具备竞争优势的。"

"最初，销售员需要确定客户是谁，也就是寻找客户并确定其资格。事实上，并非所有对在销产品有需求的个人或机构都应列入销售员的目标客户群体。根据多年的观察和整理，我得出了这样一条结论：如果销售员以追逐任何看起来有预算的人作为销售的开始，那么他很可能会在提供了一些无法收到回报的服务之后，陷入无法令其客户满意的境地。"

刘石本人对销售的兴趣并不大，就像他告诉赵哲的，他最初打算来这期培训班听课，一是因为无聊，二是因为自己的家族经营着不少的经济实体。他觉得自己有必要对营销工作有所了解，才迈进了这间教室的大门。因此，他更多地关注整体的营销知识体系结构，而对和自己关联甚少的实务性知识并不热衷。但这时切灵顿给出的答案却回答了一个他一直以来都很困惑的问题——为什么开拓客户那么难。

当赵哲看向他的时候，惊奇地发现，原本木然的刘石，腰杆已经拔得不能再直，两眼直勾勾地盯着讲台上的老师。

"当然，在试图确定客户的资格，也就是他们的可开发价值之前，销售人员需要先进行寻找客户的工作。事实上，销售人员为了达成少量的交易，往往不得不接触大量的潜在客户。缺乏客户资源的销售员可以通过现有的供应商、经销商、客户和没有竞争关系的销售人员向自己推荐一些值得接触的潜在客户。如果能够帮忙引荐那就更好了。"

"这倒是一个好主意。"事实上，刘石从未想过，一家企业的客户居然可以通过它的供应商来获取，这两个对企业来说本是相对的两极。但是切灵顿说得对，一个成熟的供应商，会对产业链下游的很多环节都有了解，而且作为自己的供应商，他们通常更乐于帮忙。一方面他们希望通过对自身客户的支持来维系彼此之间稳固的合作关系，另一方面客户的实力做大做强，它们也可能得到更大笔的订单。想到这里，刘石不禁暗竖拇指。当然，对象不一定是切灵顿，而是那个首先想到这个策略的营销人员。

"在确定了潜在客户之后，销售员就需要准备拜访工作了，也就是扮演常见的'不速之客'的形象。这时的拜访工作，对客户而言是一种信息服务，对自身公司来说则是市场的开发和渠道的拓展。"切灵顿眼珠转了转，决定多讲一些内容。"实际上，这时的销售人员可以说是在凭一己之力承担营销渠道中的大部分职能。因此,越是在渠道上孱弱的卖者,就越是依赖销售员来促成交易的达成。"

刘石晃晃脑袋。"怪不得大企业中更多的是区域经理之类的职位,而小企业中则多见客户经理和销售员。前者的销售员是用来联系下游渠道的,而后者的销售员就是下游渠道……"

"当然,如果销售员能够不亲自到场也可以开辟好营销渠道,那么他确实是不必做拜访工作的。然而,**即便是电子信息产业带来的便利,也不能完全替代一个随叫随到、不叫也到、只干活不拿钱的销售人员对客户贡献的价值。**因此,只要拿捏得当,而不是一旦面对客户就不知所措,那么销售员的拜访工作,总会是最可能促成该渠道建立的。"

全冬梅老师评注

虽然在外人眼里销售工作就是动动嘴皮子,但销售人员实际负担的工作比这更多。

聪明如刘石,怎么会听不出切灵顿的言外之意?很显然,不善处理对人事务的人,并不适合拜访客户;而有效的拜访客户又是建立合作关系最有效的武器,因此,木讷怯场的人,确实不适合这种类型的工作。所以,自己还是打消了做销售工作的念头吧。不过,虽然做不了渠道,但是做渠道中的一颗螺钉还是可以的。那么,看来自己还是比较适合有着成熟渠道制度的行业……

"好了,我们还是回过头来,介绍通过拜访客户来建立渠道和促成交易的知识吧。"切灵顿郑重其事地面向学员说道。

"首先,在实地拜访之前,应做好准备工作,即对客户信息乃至于他们可能关心的问题的答案的了解。能在梦里背诵潜在客户的产品线仍然不够,销售员必须将这些数据转化成对客户有用的东西。紧接着,就是实地接触客户。在这个阶段,销售员的衣着、开场白都应得体,以给对方留下良好的第一印象。如果客户能够提出问题,那么对这些问题的良好解答可以大大加强对方建立合作的意愿。"

"所以销售员都穿西服、打领带、踩皮鞋?"对于这一点,刘石倒是不敢苟同。这种形象的销售员已经多到烂大街了。虽然不能说穿西装的销售员都是混饭吃的,但是他敢打赌大部分以此形象示人的销售员根本没有意识到这身衣着的意义,他们的行为举止让光鲜的衣着完全失去了意义。

销售员工作流程

销售员的工作并不仅限于一手收钱,一手交货。从售前到售后,对客户提供的所有相关服务,大都有销售员的参与。

1 寻找客户并确定客户资格
(并非所有对产品有需求的人或机构都是潜在客户)

2 拜访客户
(提供主动的信息服务)

3 演示产品
(重点突出产品能够给客户带来的利益)

4 客户回访
(售出产品后,向客户了解使用情况,并提供售后支持)

"在接触客户之后，销售员往往需要对本企业的产品做演示和说明，其间的重点是突出该产品或服务能够给客户带来的便利和收益，并注意给对方留下'该产品是优于竞争产品的'这种印象。当然，客户可能对被演示和说明的对象存有疑问，因此销售人员也要负责答疑的工作。价值80亿美元的林木产品公司惠好（Weyerhaeuser）曾重组它的销售队伍，形成了新的销售组织ilevel。该组织培训了250名销售人员，让他们给顾客演示解决方案而非产品。"

　　"演示通常是达成交易前的最后工作，一旦演示和答疑尚不能促成交易，那么这条渠道的建立工作基本上便告失败。"说到这里，切灵顿的表情看起来就好像是一个老板面对一个总是出师不利的销售员时所表现出来的一样，角色的代入可谓成功。当然，这也在侧面体现了他对销售知识的重视。不合格的销售员就好像卷面分数低的考生一样——只是老板并不知道这份试卷有多难。

🔑 销售员的素质与选拔

全冬梅老师评注

　　经过市场筛选出来的销售员群体是最精明的人群之一，所以企业主很清楚他们必须要支付足够高的工资，否则就会出乱子。

　　"销售员所具备的素质，对渠道能否顺利建立有着很大的影响。在学校里，一份不合格的答卷并不能造成任何人在利益上的实际损失，但是在工作中，一次渠道拓展的失败，往往意味着企业潜在利润的流失。而且，失败的销售工作还会带来一个严重的副作用，"切灵顿严厉地看向学员们，"那就是同一条营销渠道，再次被该公司开拓的难度会大大地提高——客户已经对该公司的产品或服务产生了负面的印象，这比两者的关系还是一张白纸的未接触状态更加可怕，后续跟进的销售员往往需要花费更大的力气才能扭转败局。"

"因此，理智的卖方企业，尤其是潜在客户群体本就不多的企业，十分重视销售员的遴选——他们无法承担能力不足的销售员对潜在渠道造成的伤害。"

刘石想起来，这和他哥哥向他谈起的找工作的事情很类似。由于适合自己的企业不多，因此求职者应慎重对待其中的任何一家。否则，一旦因为准备不足或重视不够而错失，再次得到来自此类公司的就业机会的可能性就会小很多了。

"一般认为，排名前 30% 的销售员带来的利润占到总利润的 60%。对于更为专精的产品线来说，一个经验丰富的销售人员十分难得，要投入巨大的成本进行培训。为了尽可能地培训出最好的销售员，在最初招募的时候，企业就应当慎重行事。"

"为了发现顶级销售大师的特征，Gallup 民意测验集团曾对数十万销售人员进行调查。结果显示，最优秀的销售人员都具备以下四个关键特征，即内在的动力、自律的工作方式、达成交易的能力和同客户建立良好关系的能力。"切灵顿一句一顿地说。

"又是拉关系。"刘石翻了翻白眼，"我看这段我还是跳过去别听了吧。"

"有些销售人员喜欢战胜困难时获得的满足感，但是更多的时候，销售员被销售行为带来的金钱收入所驱动……但不论这些驱动力是什么，只要拥有其中之一，销售员就过了内在动力这一关。而销售员的工作还需要严格的计划性和井井有条的执行，这构成了他们自律的工作方式。"

"当然，过硬的业务能力才是达成交易的最终保证。如果销售员对在销产品不熟悉，那么他们的内在动力和工作方式都无法发挥任何作用。至于最重要的那一环嘛……"

说到这里，切灵顿停下来看向学员们，每个人都大睁着双眼望向老师，他们确实对如何做好这最关键的一环很感兴趣，这其中包括灰心丧气的刘石——他完全出于兴趣，是在求知欲的支持下伸长脖子的。看到紧张兮兮的学员们，切灵顿突然笑了。

"原来各位也对如何与客户建立良好的关系这个问题十分感兴趣，这倒是和我之前所有的培训中出现的情形是一模一样的。"收住笑容，切灵顿又恢复了面无表情的样子。"在对营销经理进行访谈时，他们给出这些字眼以描述具有这项能力的销售员：富于同情心、耐心，做事细致周到，善于倾听，响应积极。"

"……"刘石默然。这样的人，正是在生活中最受欢迎的类型，没想到在销

对销售员的培养

销售员是企业里直接和客户打交道的人群,需要企业格外重视。

1
选拔销售员
(素质包括:内在动力、自律、工作能力)

2
培养销售员
(提高销售员能力,尤其是适应产品)

3
用好销售员
(人尽其才,并给予足够的工资)

售工作中，最重要的仍然是这些基本素质。也许，这正应了那个道理：做好最平常的事情，往往才是最难的。

"最后，我想重点讲解一下销售人员的激励。"切灵顿低头看了看手表。"但是现在看来，时间似乎不够了，那我就长话短说吧。"

"我们常说，客户是上帝，而我想说的是，销售人员就是将上帝请回来并要上帝掏腰包的人。给予销售人员一定程度的激励，目的其实很直接，那就是激发他们为企业请来更多的上帝、回收更多的资金，从而实现企业的最终目的——利润最大化。当然，对于销售人员的激励，我们要考虑营销工作的具体特点，根据销售人员所面对的客户情况、市场情况、竞争对手情况和社会环境现状，结合销售人员自身的特点，对其潜能进行开发和引导，达到其人力资源效用的最大化。"

"那么老师，您能给我们列举一些具体的方法吗？"刘石迫不及待地站起来提问。

"没问题。对销售人员的激励方式，通常有以下几种。"

"薪酬激励。要激励销售战线的员工，必须通过合理的薪酬来激发他们工作的积极性。尽管薪酬不是激励员工的唯一手段，也不是最好的方法，但却是一个非常重要、最易被运用的方法，因为追求生活的需要是人的本能。"

"目标激励。对于销售人员来讲，由于工作地域的分散性，进行直接管理难度很大，组织可以将对其分解的指标作为目标，进而授权，充分发挥其主观能动性和创造性，达到激励的目的。"

"精神激励。销售人员常年在外奔波，压力很大，通过精神激励，可以使压力得到释放，有利于取得更好的业绩，比如在企业的销售人员中开展营销状元的竞赛评比活动，精神激励，目的就是给'发动机'不断加油，使其加速转动。"

"情感激励。利益支配的行动是理性的。理性只能使人产生行动，而情感则能使人拼命工作。对于销售人员的情感激励就是关注他们的感情需要、关心他们的家庭、关心他们的感受，把销售人员的情感直接与他们的生理和心理有机地联系起来，使其情绪始终保持在稳定的愉悦中，促进销售成效的高水准。"

"民主激励。实行民主化管理，让销售人员参与营销目标、顾客策略、竞争方式、销售价格等政策的制定；经常向他们传递工厂的生产信息、原材料供求与价格信息、新产品开发信息等；公司高层定期走下去，敞开聆听一线销售人员的意见与建议，感受市场脉搏；向销售人员介绍公司发展战略，这都是民主激励的方法。"

刘石在心中不免慨叹:切灵顿真是一位秉承认真态度,把一切做到极致的好老师啊,可能这就是成为顶级销售员最需要的特质吧。

下课铃在这时响起。

"好吧,同学们,我想这堂课我已经讲完了,也到了说再见的时候了,同学们,再见!"切灵顿老师说完,便在热烈的掌声中缓缓走出了教室。

 切灵顿老师推荐的参考书

《广告的商业作用》 切灵顿著。本书是20世纪早期最早介绍广告对营销效率的提升作用的著作。该书以案例翔实为特色,对广告产品的发展做出了认真的评价,对广告行业的发展起到了指引的作用。

第十一堂课

康弗斯老师主讲"促销"

> 降价是直接向买者让利,是仅次于产品的使用价值的、可以对购买行为产生正面影响的第二大动力之源。

保罗·杜勒尼·康弗斯(Paul Dulaney Converse,1889—1968)

　　康弗斯在营销方面的建树,介于学术和实用之间。他致力于建立销售行为的政策和准则,以至于一度被认为陷入集权主义。在学术生涯的后半期,他的研究集中在整理营销学中的必备元素上面,著有《促销政策》《营销方法和政策》等作品。

也许是每天上课太累了，刘石抽时间去野外玩了一天。但是没曾想，他因为环境不熟而迷路了。最后，他发现自己居然置身于一个水境之中，四周是高大奇特的水草，随着水流招展扭动，间或还有鱼群、虾群从旁游过。

随着刘石不断地深入其间，眼前的水路逐渐明朗。脚下是星罗棋布的硕大贝类、偶尔悠悠横过的水蟹。更远处则隐隐现出一个奇异的景象：一个高大的像极了鲤鱼精形象的半人半鱼的生物，站在若干整齐排列的石桌石椅前面，貌似在演示着什么，石椅上坐着一只只小型的水生物。

"这是一个课堂？"刘石不由自主地猜测道。他刚想走过去一探究竟，没走几步却觉得脚下失去了着力点，紧接着身体就在黑暗中加速往下掉……

结果……

结果……

结果，他就醒了。

🔑 什么是促销

揉揉眼睛，刘石从床上爬了起来。

这个小插曲对他几乎没有影响，很快就被他抛到了脑后。但是两个小时后，当他坐在习惯的位子上，看着任课教师缓缓登上讲台的时候，他的眼睛不由自主地不断睁大、睁大……

"怎么那么像那个鲤鱼精！"刘石在心里叫了出来。

公平地说，来人除了脖子短点儿，身上肌肉多点儿，并无特异之处。但巧的是，他今天穿了一件颜色和他的肤色有些接近的西装。发达的后颈肌肉顶起衬衫和西装的领口，又埋没了一部分颈项。结果，他宽厚的身板和头颅之间就这样被建立起了平滑的过渡，以至于冷眼一看和"鲤鱼精的剪影"还真有几分相似。

"嘿，孩子们，你们好啊。"说话的时候，任课老师缩了缩脖子，脸上温情备至。"我是保罗·康弗斯，今天和大家一同体验有趣的促销活动。"康弗斯看起来是一个和蔼乐观的人，他脸上最不缺少的就是笑容。

"促销是让消费者开心的杀手锏。"康弗斯笑眯眯地望着附近的学员，显得兴致盎然。"实际上，我们都喜欢促销，对不对？谁能抵抗来自半价的火腿肠的诱惑呢？甚至，我们无需联想到商品本身的美好，只需简单到极致的六个字母，就可以让女士两眼放光。"

刘石知道，老师说的是英文"On Sale"。不得不承认，折扣战虽然并不是商家最喜欢看到的结果，但在很多情况下这的确能给他们带来更高的收入。当然，刘石确信折扣绝不至于使商家跳楼，类似的字眼只能算是一种别致而效果不错的广告。

"所以说，每个人都应该把促销的知识学好，这样才能更好地利用这个工具为自己省钱，对吗？"要说循循善诱，刘石还真不记得有老师比康弗斯做得更好。"何况，各位虽然在生活中是消费者，但是在工作中却扮演着生产者的角色。选择怎样的促销方式，能够使单品的利润让步和总收入的增长同时出现？多大的促销力度，可以使买者和卖者的利益得到双赢？这些问题都可以在对促销的学习中得到解答，从而更好地指导人们的工作。所以——"

"所以，我们一定要学好促销知识！"后排传出赞同的声音。当然，中国人都知道，过分地肯定往往包裹着反对态度的糖衣。不过刘石倒是不以为然，对一件事物的说明，有人喜欢层层铺垫剥茧抽丝，有人则喜欢直截了当给出结论。授人以鱼和授人以渔，本来就是萝卜白菜各有所爱的事情。虽然说众口难调，但餐厅里投诉厨师的顾客往往在其他情境下也会被认为素质偏低。

"对！既然大家已经端正了态度，那么现在我们就开始正式介绍与促销相关的学问。"康弗斯欣慰地大点其头。

显然，由于文化鸿沟的存在，康弗斯也陷入了一边挨骂一边道谢的窘境。不知就里的康弗斯眼中显出殷切的希冀："首先，我们先明确一个概念，即什么是促销。"

"单说降价，稍显片面。促销实际是营销者向消费者传递有关本企业及产品的各种信息，说服或吸引消费者购买其产品，以达到扩大销售量的目的。促销实质上是一种沟通活动，即营销者（信息提供者或发送者）发出作为刺激消费的各种信息，把信息传递到一个或更多的目标对象（即信息接受者，如听众、观众、读者、消费者或用户等），以影响其态度和行为。常用的促销手段有广告、人员推销、网络营销、营业推广和公共关系。企业可根据实际情况及市场、产品等因素选择一种或多种促销手段的组合。"

一口气说了这么多,大家听得有点儿摸不着边际。当然,康弗斯老师也意识到了这点。

"下面我将从促销的产生过程这个切入点,来为大家详细讲解促销这个概念。"

"最初,生产者只赋予产品原始的使用价值,并通过交易把它传递给消费者。比如,我们的祖先只需要简单地把石头磨尖,就可以换到一只山鸡;但是,由于竞争的产生和加剧,如何使自己的产品从众多同质化的商品中脱颖而出,成为消费者的首选对象,就成了生产者必须面对的严肃问题。"

这时,刘石已经逐渐意识到了康弗斯对待学生的态度是多么与众不同。这位健壮的老人之所以能够以充满期待的眼神望向这些孩子,正是因为他把自己的位置放得很低。也许康弗斯觉得自己已经老了,建设人类美好生活的重担将要由眼前的莽撞少年扛起;或者,康弗斯离世很久,好容易见到活着的人,想要抓住一切机会把自己未竟的事业稳妥地传承;又或者他在潜意识地感叹生命之短暂,希望后人能够在丰富的学识的支持之下获得更多的成功,那才算是不枉此生。但无论康弗斯本人到底秉承着怎样的思想,他对人对事谦卑热忱的态度,让刘石佩服不已。

"为了解决这个问题,一方面,生产商经过尝试,成功地获得了通过赋予自身的产品更多的附加价值的方法来强化其竞争力的方案,其典型的代表就是广告和人员促销。这两者在之前的课程中已经向各位介绍过了。大家应该都能看出,这种方案表面上看起来是在相同的价格上增加了产品的价值,但其实质就是让消费者在投入相同的情况下换取到更大的价值。"

全冬梅老师评注

降价打折是促销的手段之一,但促销的内容远远超出于此。

"但是,这个方案并不够彻底。由于附送的价值往往并不是目标消费群体必需的,因此对他们产生的吸引力仍然有限。于是,严酷竞争中的卖者不得不祭出更大的法宝——降价。如果说赋予产品额外价值是通过对产品动刀,侧面达到有利于买者的目的,那么降价就是直接向买者让利,这是仅次于产品的使用价值的，可以对购买行为产生正面影响的第二大动力之源。"

"哦——"随着康式促销学蓝图的展开，刘石的眼前也豁然开朗。原来广告、人员销售和折扣促销，都是广义促销的不同手段……如果不是康弗斯通过大费周章的铺垫一步步给出提示，也许自己永远都想不到这些看似毫无关联的概念之间居然还有着如此紧密的联系。刘石望向康弗斯的目光里，瞬间充满了敬仰和感激。

与此同时，包括赵哲和陈艳在内的"知识系统论者"，心中也同样有种拨云见日的感觉。

🔑 促销的效果

"老师，您的意思是说，促销包括广义促销和狭义促销，而这节课具体介绍的，是以降低售价为主要手段的狭义促销，是这个意思吗？"陈艳的问题本身也是对康弗斯之前讲到的内容的清晰梳理。

"嗯，对对，就是这样的。"康弗斯微笑着连连点头，慈爱的目光中充满了欣慰之情。

"也许他在想如果这姑娘是我的女儿就好了吧。"和谐的场景催生了刘石的幽默感。在心中，他已经开始接纳康弗斯为"自己人"了。其实，人们彼此之间的关系，正是通过不断的交流而加深的。

"当然，就像大部分事物都有着副作用一样，促销除了能够强有力地提高销售额之外，还能带来其他效果。"康弗斯恳切地把知识内容继续延伸。

"对于思维正常的人来说，他们很容易认为经常促销的厂商更加为他们考虑，因此对该品牌商品的'感情'也会增强。而品牌忠诚度的作用大家已经知道了，那是一种类似于购买倾向蓄水池的事物。当一个品牌拥有了足够高的品牌忠诚度时，消费者会心甘情愿地为这些产品的不良行径买单——无论它们离谱地提高了价格，还是故意降低了品质，在一定时期内都能够得到消费者彻底的忽视和

促销的效果

促销往往会带来短时间的销量上升,但是长期效果却不一定能保证。

促销中
促销会带来短时间内销量的大幅上升。

未促销
在没有促销的状态下,销售会很平淡。

原谅。"

刘石默然了,品牌确实是一种神奇的事物。丰田汽车从 20 世纪后半叶进入美国市场之后,一直以过硬的品质闻名。从 21 世纪初开始,该公司的产品中广泛存在的质量问题才开始受到广泛的关注。但是实际上,早在 20 世纪末,丰田车型的品质短板已经开始显现。只是那时该品牌是全球车企的楷模,消费者都以拥有一辆打上丰田标志的汽车而荣耀。金质的丰田招牌消化了大量的产品瑕疵。直到近些年来,其品质下降引发的一系列严重的质量事件,最终把该品牌从消费者心中的神坛上拉下。

然而即便如此,仍有为数众多的消费者认为,鉴于该公司有着如此庞大的产品产量,那么其产品出现这种程度的质量问题(2012 年 10 月 10 日,丰田宣布在全球召回743万辆汽车，涉及其品牌下大部分车型）还是可以接受的——这就是品牌的力量。

"除了在宏观上的正面效果，促销活动对营销人员的工作也有帮助作用。"讲完促销对消费者品牌忠诚度的加强作用，康弗斯的"传经"回到了营销活动本身。"由于促销活动是企业级的，因此营销人员往往可以趁此机会要求分配到更多的资源投入。"

确实，康弗斯的介绍让刘石想起了2012年如火如荼的电商大战、京东6·18、淘宝双十一，一旦大促到来，零售企业甚至会倾全公司之力确保促销活动的顺利完成。

"不仅如此，促销活动中，让利会从**目标客户蔓延到关联利益客户群手中。**"康弗斯貌似要把知识的延伸进行到极致。"对渠道商的促销活动能够让他们提前购进大量的产品，从而迫使他们为该产品增加货架位，甚至自掏腰包对这些产品进行有力的宣传活动——这往往是生产商越过渠道商补贴终端消费者的重要手段，尤其是当行政手段难以展开的时候。"

全冬梅老师评注

促销的作用不仅仅是暂时性的增加销量，在长期上也可以产生对应的影响。

这时，一名坐在后面位置的学员惊奇地发现刘石和赵哲居然在同时大点其头，而且幅度和频率几乎一致！常听说夫妻在一起生活得久了，长相和习惯会逐渐变得相似，原来铁哥们儿之间也可以如此……

🔑 明智的促销

"老师，促销活动虽然对卖者也有很多好处，但是它根本的获利方还是买者。但是生产者不是慈善机构，它们的根本目的是通过贩卖产品而获利。怎样组织促销活动，才能保证卖者在最大程度上得益呢？"

也许是康弗斯把知识体系的战线拉得太长，又或许是赵哲觉得从老师后面讲解这部分知识的可能性已经很小了，于是他抓住上一小节内容刚刚介绍完毕这一机会，提出了这个已经在头脑中萦绕了很久的问题。

"嗯，这位先生的想法很好。"康弗斯看着赵哲，不住地点头。"促销活动是由市场上的卖方发起的，其根本目的还在于获利，而这只有通过恰当的操作方式才能得到实现。具体来讲，范围过于广大或者力度过强的促销都有可能入不敷出，而对消费者漫不经心的示好则无法带来明显的效果。"

不知是康弗斯的课堂节奏比较舒缓的原因，还是由于感觉气氛足够亲切，刘石的头脑中居然闪过婚恋经济学的内容——无论是顾客还是情人，只要涉及追逐与被追逐，投入和产出都是永恒的考量。

"不仅如此，大部分企业受到财务报表的困扰，必须为股东负责。这就意味着它们无法哪怕是在短期内允许自己的业务投入不收回应有的利润。这样一来，类似于'频繁营销计划'和'忠诚客户俱乐部'这些能够确保促销活动的投入产出比的运作模式就得到了卖方的广泛青睐。"

"其中，频繁营销计划是指，对那些更频繁购买自己产品的顾客给出更高的促销力度；而各位手中花花绿绿的会员卡则是忠诚客户俱乐部模式得到广泛应用的最好见证。为了培养和鼓励顾客对自己产品的黏性，航空公司会赠送额外飞行小时数，而星巴克也为被回馈的对象免费续杯。"

当追逐者预算有限的时候，他就无法只考虑和异性相处时的浪漫和愉快。这时，只有那些更有诚意的发展对象和已经与自己建立起某种确定关系的目标，才值得追求者花费更大的精力去维护。尽管很多人都会经历爱情至上的时期，但是人们总会从懵懂少年逐渐成长为明智的面包主义者。

> **全冬梅老师评注**
>
> 促销是一种收入和支出共存的营销活动，因此必须在两者之间做好权衡，以免得不偿失。

"此外，为了确保促销效果的达成，必须谨慎计算促销的力度。一般而言，较高的促销会带来与之相适应的销售业绩，营销人员应得出促销力度的可选范围，并设定其所针对的对象范围。促销活动持续的时间也应得到控制，昙花一现的促销活动会显得卖方缺乏诚意，但过长的促销则会使其效果大打折扣——人们会觉得'反正以后购买也是一样的，为什么不先用手头的钱买下那些促销期限就快过了的产品呢'。另外，如何降低促销的成本，也是营销人员需要考虑的一个问题。比如，优惠券如果可以通过互联网下载，就没有必要雇佣专门人员去印刷和配送。"

促销的方式

"老师，促进销售的手段都有哪些啊？"张梓刚刚搭腔的时候刘石还没发现，现在他开始注意到，这个捣蛋鬼今天好像规矩了很多，接话的嗓门小了很多，提问的声音也很低沉。

"这是什么情况？"刘石不禁扭头望了望窗外——如果太阳从西边升起，那么这时应该还在窗子的右上方……

"啊，对。这个我们现在就开始学习。"想起老早就阐明了促销的内涵，外延方面却一直没有具体介绍，康弗斯眼珠回转，显得有些慌乱。其实刘石很能理解，康弗斯是讲得太详细了，以至于到现在对促销的阐述还停留在定性阶段。

不过康弗斯显然把一切都归结为自己的失误，他诚惶诚恐地赶紧开始了这一部分的内容。

"一般来讲，促销活动对终端消费者和对机构消费者的形式会略有差别。"即便被学生提醒后变得有些手忙脚乱，康弗斯还是忘不了贯彻他执教的条理性。"我们先来看一下对消费者的促销活动都有哪些形式。"

"之前说过，所谓狭义促销，就是对消费者利益的直接补给。而这主要通过现金折扣和优惠券的方式来实现，而这两者也是严格遵循狭义促销定义的可用工具。不过还有一些有着跨界嫌疑的营销工具，也

> **全冬梅老师评注**
>
> 对于聪明的卖者来说，促销可以是直接的，也可以是间接的。

促销的手段

促销的手段多种多样,但如何运用才能取得最好的效果才是重要的。

1

折扣
对商品进行普适性折价。

2

优惠券
对持有优惠券的人群提供折扣。

3

赠品
售前、售中、售后的相关/不相关实物赠予。

被划分到了狭义促销的范畴之内。"

在对学科概念追本溯源的时候，康弗斯变得严肃起来，但脸上还是挂着殷切的笑容。

"比如，卖者会雇佣小时工把小包装的样品挨家挨户地送到顾客手中；订购生日蛋糕的顾客也会在付账时获赠五颜六色的蜡烛。这些既可以看作是对产品的补充，也可以算是对消费者直接进行回馈的变种——毕竟无论样品还是赠品，都不是依附于主体商品而存在的，因此算作对消费者利益的物质补足形式，比将其视为对产品属性的加强更为恰当。"

"也就是说，促销的手段，既包括支付方面的优惠与折扣，也包括交易前后对消费者的实物馈赠了？"陈艳试图确定该部分内容，以完善她的知识结构。

"是的，但是这些都是对消费者利益的加强，而非着眼于对主体商品本身价值的补足。"康弗斯微微点头肯定道。

"当然，我们还没有讲到对机构买者的促销形式。制造商通过对中间商（包括零售和批发）的促销，来最终达到补给终端消费者的目的。它们向渠道商支付额外的补贴或者对每单购买提供折扣。当然，本质上这两者是一回事。赠品方面，他们在采购来的钢笔、铅笔、日历和记事本等上加印自己的商标，并交付给渠道商以支持它们的工作。对于终端商业客户，制造商提供更有针对性的组合促销手段，即广告、人员营销和直接促销相结合的方式来赢取大宗订单。"

"但是，在本质上，无论对个人消费者、商业消费者还是渠道商，制造商能够给出的促销手段其实都是类似的，要么是货币形式，要么是实物形式的赠予，对吗？"陈艳眼巴巴地望着康弗斯，等待他给出促销知识体系上的最后一块拼板。

"嗯，对对对。"康弗斯连连点头，好像生怕自己给出的答案不及时或者不明显，辜负了这名女学员的期望。

与往常一样的时刻，康弗斯深情地看过学员们的脸，走出了教室。这堂课里，康弗斯对促销知识本身的介绍对学员们的贡献不是最大的，但是他帮助学员们梳理出的关于销售的知识脉络，大家获益匪浅。

康弗斯老师推荐的参考书

《营销方法和政策》 保罗·杜勒尼·康弗斯著。该书把促销上升到了政策和制度的层面，向世人展示了花哨的促销也可以拥有深刻的科学背景的实施。作者行文深刻入理，概念严谨系统，是一本值得一读的好书。

第十二堂课

法林老师主讲"应变"

> 最初人们购买商品，仅仅是为了获得它们的使用价值。但是营销活动改变了这一点。

爱德华·阿尔伯特·法林（Edward Albert Filene，1860—1937）

法林的研究方向比较特殊，并非营销学的主流方向。比如，他关心顾客的钱包、美国商业的机遇和挑战这些问题。他的著作《出路：对美国工商业面临的变革的预告》激起学术界的巨大反响。

这天，刘石来到教室，发现闹哄哄的课前讨论居然变得泾渭分明：辩论双方各派代表，你一言我一语。甚至有个别学员离开了座位，就是为了到本派人数更多的位子上来。

坐到座位上听了一会儿，刘石才弄明白：原来有人质疑营销的正义性，引发了两派之间的大讨论。反方觉得，营销活动带来了巨大的浪费，而且还存在违背人们利益的行为，因此不应予以鼓励；正方则认为，存在即合理，营销活动可以有组织地提高成交量，促进商品经济的发展，从而更好地提高全社会的生产力和造福人民。

刘石和赵哲都支持营销合理的意见，不过还是觉得这样争来争去没有意义——就算最后辩赢了，能带来社会效益的提升吗？

🔑 营销中存在的问题

任何比赛都不能无限地进行下去，终究会有人来吹响结束的哨音。对于这次课前辩论来说，其终结就在上课铃响起的那一瞬间。

其实它在此之前就已经中止了。有一个人，提前把辩论推进到总结的环节。这个人就是这堂课的任课老师——爱德华·阿尔伯特·法林。

法林相貌平平，相对于西方人来说，算是长得很秀气了。此时讲台上的法林，被衬衫和西装包裹得仅剩一颗找不到一根黑发的头颅和纤细的双手在外，个人的气场完全被衣着给掩盖了，给人的感觉与其说是他穿着衣服，倒不如说是衣服找了他做装点……

"我进来之前，已经在门外听了一会儿了。"法林抿了抿嘴唇，"我要告诉各位的是，**目前营销活动确实存在着这样或那样的问题，但是有针对性的解决方案已经酝**

全冬梅老师评注

营销活动对外部环境所产生的影响（包括负面的），正反映了经济学中的"外部性"原理。

酿成熟。因为营销行为带来的成本问题而质疑其存在的正义性的想法，未免显得有些短视。"

法林样貌平平，性情恬淡，阐述观点的时候给人一种对事不对人的感觉。不过西方人直截了当的结论还是在反方学员中间激起了质疑的声音。

"我知道可能有些人不理解。"法林抬起双手摆了摆，试图压制来自各方的骚动。"不过没关系。其实，今天课程的主题，正是对营销危机的处理，也就是所谓的'应变'。"

说到这里的时候，法林微微翘起嘴角。这是他在这堂课里露出的少数笑容之一，至少在刘石的记忆中是如此。"目前，社会上对营销行为的批评主要集中在抬高价格、误导消费者、降低产品和服务的品质、环境代价、文化污染和摊低公共资源等方面。通过相关学科专家的努力，已经为这些问题找到了有效的解决方案。下面，就让我们一一详述营销活动面临的这些问题吧。"

🔑 交易者权益的保障

"麦当劳早期通过提供高脂肪、高盐分的快餐食品获得了高速的成长和巨大的收益。但是多年之后，这种食物结构被普遍视为造成消费者群体中出现大量肥胖案例的罪魁祸首。也就是说，麦当劳的营销活动已经损害了消费者的利益。而这也是本小节我们所关注的——如何避免营销活动对消费者，甚至制造商的利益造成损害。"

与之前的任课老师不同，法林讲课是不带有个人情绪的，因此学员们在他脸上基本找不到表情变化。他宣讲的音量也较轻，以至于刘石不得不打起十分的精神，以免错过了部分内容。

"近年来，这间餐厅的顾客们开始发现，这里的菜单上出现了越来越多的沙拉、水果、烤鸡而非炸鸡，还有低脂牛奶等健康食品。这被称为该公司新一代的'制胜计划'。不仅如此，为了把公司的口号'I'm lovin'it（我就喜欢它）'贯彻到底，麦当劳的食品化学精英花费了七年的努力帮助烹调环节淘汰了传统上会导致血管堵塞的反式脂肪，但又不至于牺牲其薯条的风味。"

"可是老师，为什么西方肥胖症比例的患者仍然居高不下呢？难道说麦当劳的新食谱并不像它所宣称的那般有效？"刘石并不认为这些专程来学习营销学知识的学员中，会有人和自己一样关心食品健康，所以他只能自己提出这个问题。

"当然不是。"法林摇了摇头。与其他老师不同，他在回答个别学员问题的时候，是面向全体学员的。想来，他应该是想尽量保证所有学员的利益吧。

"麦当劳之所以站在了健康饮食运动的风口浪尖上，是受到其庞大规模的影响。其实，在肥胖症患者的日常食谱中，油炸快餐占不到主导地位。其他因素，如糖类的过量摄入都可以导致肥胖。更何况，"法林平静地看向学员们，"拿你们的话来讲，一个麦当劳倒下了，还有千百个麦当劳站起来。"

"就在麦当劳、温迪快餐和赛百味大力优化它们的营养食谱的时候，哈迪斯却不知疲倦地为其顾客供应着含 2/3 磅安格斯牛肉、四条腌肉和三片美国干酪的怪兽汉堡包。"其实，不知道是不是因为脸型的关系，法林看上去甚至有种稚气未脱的感觉。坐在他对面的人们很难想象，这位老师的后脑部分已然被白发所覆盖。

"一个怪兽汉堡包所含的能量已经远远超出了美国政府建议的一整天的热量摄入指标，达到了 1410 卡路里。"法林语速很快，显示了他不是一个喜欢卖关子的人。

"但令人啼笑皆非的是，这种几乎可以被直接点燃的高脂食物，居然有着广泛的受众。事实上，哈迪斯把这些食物所含的营养成分详细地公布在它的网站上，但仍然有大量顾客不断地消费着这种'唯一能为不停运动的年轻人赶走饥饿的东西'。自从哈迪斯引进了这条让其股东引以为豪的汉堡包生产线之后，它已经借此赚得了大量的美元。"

如此之高的热量，刘石仅仅是听就头皮发麻，可是对于这种一个愿打、一个愿挨的情形，除了对消费者进行宣传和教育之外，还真的没有太好的解决办法。当然，美国政府也可以对大量摄入高热量食物的人群在医疗补助方面制定更加严厉的政策，只是这在执行方面会遇到很大阻碍。

"除了影响健康之外，不加规范的营销行为可能会误导消费者的选择，这会间接损害他们的利益。"法林低头在讲台上扫了一眼，似乎那上面摆着某些有助

营销的负面作用

虽然营销活动对各方面条件有不利影响,但它依然存在,它总体上还是利大于弊的。

拜金主义
人们更加势利,社会物欲横流。

环境问题
大气、水、土壤被大量污染,噪声问题严重。

商业欺诈
为谋求利润,人们不惜以身试法。

全冬梅老师评注

事实证明,在商品经济中,"用脚投票"也可以帮助消费者保护自身利益。

于他回想其教学内容的事物。"一则洗衣剂的广告中,惊奇的主妇眼睁睁望着自己的洗衣机顶破了天花板,这只是为了宣传该洗衣剂的强力去污能力;一枚被光滑切开的钻石旁边,放着一把精致的不锈钢小刀,其目的是为了说明小刀的锋利。尽管这些广告往往都附有折中性的补充说明,如'我们可能稍微夸张了那么一点点'之类的语句,但是不精确的量化概念确实可以让容易冲动的顾客头脑发热。"

说者无心,听者有意。就在法林对误导性宣传的案例侃侃而谈的时候,刘石注意到,几米开外,陈艳的脸上泛起了红晕——看起来,这个在学问上精明过人的女生,在生活中也有被忽悠的时候啊!

"不仅如此,消费者还常受到来自终端销售员的'高压销售'的影响。"法林对台下才女的情绪变化一无所知,不过即便他知道自己的叙说会勾起学员们或悲或喜的回忆,想来他也不会为此而更改自己的授课计划的。

"他们先是依据事先准备好的一套滔滔不绝的说辞来打乱买者的思路,然后笑呵呵地看着脑子里被灌满对产品的赞美之词的顾客乖乖掏钱。这种营销行为带来的问题是,它往往只能为卖者带来暂时的利益,从长期来看,却给长期可靠的顾客关系的建立设下了不小的障碍。此外,营销活动带来的成本上升推高了产品的成交单价,零售商的利益仍然得不到保障。事实上,"法林撇了撇嘴,"全美连锁超市的税后利润仅维持在1%左右。化妆品、洗涤用品有40%的价格被分摊到了促销上面。"

"老师,"刘石惊奇地看到张梓居然在提问之前先举手示意,"明知道营销活动会推高成本,卖方不会做出调整吗?"

"当然有。"法林点头答道,"面对被营销成本推高的价格,已经有零售商做出了行动。沃尔玛、好市多和其他高效率的折扣店已经成功地迫使其竞争对手维持低价格,尽管它们自己也面临着巨大的成本压力。毕竟并不是所有的营销成本都是可以被削减的。事实上,这些经营者手中握着的是一块已经拧得非常干的海绵。"

"……"刘石默然了。确实,削减成本是一项需要小心对待的活动,不慎重的削减可能造成在销产品的品质下降。可以想象，在发现销售员的巧舌如簧可以如此有效地将略有瑕疵的产品推销出去之后，生产商的废品率将很大程度地降低。由于出身的关系，刘石很清楚有些制造商正习惯于缩短产品的使用年限，以期增加产品的销量。

"虽然营销活动对双方的利益都有影响，"看看时间，法林对这一小节的内容做出了总结，"但是一般认为博弈的天平往往向卖者倾斜。'消费者至上运动'为改变这一现状做出了不懈努力。其支持者提出，消费者有权获得产品重要方面性质的详细信息，有权让自己受到保护，以至于不会受到来自有质量问题的产品的伤害等。甚至他们还给出了与之对应的具有可操作性的改善措施。"

🔑 修复社会影响

"老师，营销活动所涉及的对象无非就是交易双方，那么需要考虑的应对措施也只需要针对这两者了？"陈艳试图敦促法林要么接着讲出未尽的内容，要么给出肯定的答案。这时，她的脸上已经找不到羞赧。

"确实，一般而言，一项交易所能影响到的利益群体十分狭窄，在最多的时候只涉及买卖双方。但是由于商品交换无处不在，附生于其上的营销活动便产生了社会层面的影响。"法林面向陈艳耸了耸肩，像是在为自己给出否定的答案而表达歉意。

"最初人们购买商品，仅仅是为了获得它们的使用价值。"法林难得停顿了一下，又扫了一眼讲台，"但是营销活动改变了这一点。人们被鼓励购买更多的商品，而且是仅仅出于能够拥有它们的愿望。太多时候，人们已经习惯于依据对方所拥有的东西，而不是他们的性格和品质来评价彼此。总之，营销活动被认为创造了虚假的需求，这些虚假的需求很多时候可以带来正面的效果，如提振需求来促进生产力的发展，但是在某些情况下，这些虚伪需求会带来灾难性的后果。"

听到这里，刘石的眼睛一亮：他虽然赞同营销活动会对社会文化产生影响，但是"灾难"这个字眼还是超出了他对营销活动影响力的预计。

"享受着伪需求带来的利润恩泽的行业吸引了大量的人力资源，也因其盈利能力而占用了大量的社会资源。但是一旦经济发展遭遇瓶颈，最先倒下的也是这些企业。"

大家从法林的眼中难得地捕捉到了一丝怅然。"这是因为被营销活动推介到顾客手中的，往往都不是生产、生活所必需的产品，因此一旦危机来临，消费者被迫谨慎起来，这些产品会第一时间失去市场。事实上，当食品、纺织等行业出现伪需求之后（尽管这种情况出现的可能性很小），可能带来灾难性的后果。"

确实是灾难性的。在法林的提醒之下，刘石想起了20世纪30年代，也是人类历史上最严重的一次全球性经济危机。在那次危机中，奶农居然把数以万吨计的牛奶倒入密西西比河，使之成为了一条"奶河"。

"此外，营销活动的主体往往是定位于私人消费者的商品，这就导致了当营销活动过多地带来了这些商品的消费之后，作为这些商品的应用平台的公共资源显出了匮乏。"讲完了营销活动对社会文化的影响，法林将进度推进到了下一个知识点——营销与公共资源。

> **全冬梅老师评注**
>
> 别小看了营销活动。微观的它可以在宏观上产生巨大的影响，毕竟营销活动无处不在。

"例如，由于私人汽车过多，美国的驾驶员每年在交通堵塞中花费40个小时，这相当于780多亿美元以上的经济损失。在这个过程中，29亿加仑的燃料被白白消耗，并产生出数以万吨计的温室气体。"

"不仅如此，营销活动还被认为消耗了过多的社会资源，且单位时间里创造出的价值低于产品生产本身。广告是因此而遭到最多诟病的营销活动之一。商业广告被指打断了严肃的节目，广告牌遮挡住了路边的美景。63%的美国人感觉自己被太多的营销信息所轰炸。"

不知道是不是东西方人的看法不同，刘石倒是对广告没有太大的排斥。除了一些过分粗制滥造的案例以外，他能在其中找到或多或少的创意和美感。

"而为了改善人们对广告产品的印象（它原本被设想成只会对其受众产生正面影响），挽回那些因广告品质掉头而去的顾客群体，广告商们致力于在其中添加更多有趣的和对顾客有益的元素——这当然不只包括穿着暴露的美女。"

刘石抬起头："法林是个难以琢磨的人，刻板的西装里面，跳动的是怎样一颗心脏；毫无棱角的头脑内部，流转着怎样的思维……"这些都是刘石无法描摹的。也许，这是因为法林的世界观和刘石所熟悉的人相差太大，以至于他无法通过对照已知的人格来解读这位鹤发老人的行为。

"总之，营销活动被认为搅乱了人们的思想和公共资源，但这些问题很难通过对商业层面的干预来改善。这时就需要政府出手调节。但出于保护经济自由的目的，政府一般不会采取行动，直到它确认营销活动对社会带来的负面影响确实到了需要干预的程度。在这种情况下，如果消费者不想等到自己被改造成花钱机器，或者花费一半的工作时间在上班的路上，那么他们就必须以某种形式提醒政府问题的存在。事实上，这也正是越来越多的民间组织在社会发展中扮演着重要角色的原因。"

法林对营销的社会影响的总结是公正但喜忧参半的，甚至可以说，乐观的改善只是悲观大背景下孱弱的星火。刘石想起之前他在北京度过的一个暑假：他的亲戚住在北六环外，那里人们的收入相对较低，但是服务行业因欠缺竞争，以至于不仅价格不低，且服务质量远低于市中心的水平。人们无法要求服务供应商来此营业，因为他们无法提供足够高的消费水平。然而事实上，它们位于市中心的业务，并未收取到高于近郊水平的价格。

"可是消费者又能怎么样呢？他们不是企业主，且生活在一个罔顾集体智慧的社会架构之下。"想到这里，刘石摇了摇头。

🔑 可持续的环境

"老师，营销活动真的能给社会带来这么多严重的负面影响吗？"法林把营销活动说得如此有害，以至于陈艳有些不敢相信这种"祸国殃民"的经济活动居然还可以堂而皇之地出现在人们的面前。

"当然。"法林下意识地把目光垂向桌面，随后又抬起，"我想您可能是忽视了一件事,"他礼貌地澄清道,"营销,也就是 marketing,并不仅仅是推销,而是以交易为中心的一切经营活动。也就是说,它包括生产、分配和交换相关的所有活动——一切经济行为或多或少地都与营销有着千丝万缕的联系。"

"对啊!"刘石的眼睛一下子睁大了,"广义的营销可以囊括生产环节,而即便是纯粹的交易本身,也能够反馈给生产,从而对社会环境产生深远的影响……而且——"

"而且,还不止于此。"法林道出了刘石心中所想。"出于同样的原因,营销活动还会带来不同程度的自然环境影响。麦当劳因其食品不经济的包装所产生的固体废物而受到舆论的指责。除却包装之外,其庞大的营业规模还放大了人们需要为它低效的能源利用而付出的环境代价。"

眼见着麦当劳再次中枪,刘石心中升起一丝不忍。人说树大招风果然不假,明明有千万个"小麦当劳"在经营中造成了更大的环境伤害,但人们只谴责这家一直在不断改善自己的餐馆。

"当然,相对于对消费者利益和社会环境的影响,人们对营销行为带来的自然环境改变的关注由来已久。"法林眨了眨眼睛,"因此,相应的解决方案也更成熟。20世纪六七十年代,以美国为首的西方国家掀起了第一波环境保护主义浪潮。掠夺性开采、枯竭中的森林资源、工业排放引发的酸雨、全球变暖、有毒污染物的排放等环境问题,纷纷指向了以营销为目的的生产行为。"

法林咽了口吐沫,看了一眼课前就已经放在桌角的一次性水杯。"为什么他不喝呢?"刘石心中闪过疑问,但他看到老人紧扣的领口之后,便猜测到了他一定是不想为一杯口感未知的饮品而破坏那已经坚持了大半节课的无懈可击的规矩形象,因此才抑制住了自己拿起水杯的欲望。

"真正对产业界造成打击的是十年后出现的第二轮环境保护浪潮。"不想脸受热,就得身受苦。望水不能止渴,法林只得清了清嗓子,继续讲课。

"钢铁企业受到舆论乃至于法令的约束,不得不投资几十亿美元购买控制污染的设备和更为清洁的能源;汽车的排气系统首次得到了大范围的关注,人们提高了它的技术含量以降低废气中的污染物含量;包

全冬梅老师评注

营销活动和环境问题看似并无关联,实际上前者是后者出现的幕后推手之一。

营销对企业内部的压力

营销活动带来的问题,不仅对企业外部,也对企业内部造成了不良影响。

装材料的循环利用第一次走进了人们的视角。鉴于人们对营销带来的环境问题所形成的深刻的认识基础,这些政策的推行在全民层面得到了支持和认可,因此,尽管生产商不断地抱怨环保政策实施得太快,以至于它们不得不付出大量的额外成本,以快速完成相应的调整,但是我们仍然欣喜地看到,更加先进的营销理念,已经推开了和谐生产时代的大门。"

"为什么你就不喝呢?另外,就算你不喝也别偷工减料啊,语速越来越快也就罢了,音量也越来越小,我这都快听不见了。"眼见着法林似乎无意识地准备把这节课草草收场,刘石皱起了眉头,心中暗气。

"今天,以环境可持续性的政策为代表,第三次环境保护主义浪潮正在如火如荼地进行之中。耐克公司生产不含聚氯乙烯的运动鞋,并通过对旧鞋的回收利用,向年轻一代灌输环保意识;UPS 快递公司以'绿色舰队'的名称来标榜它拥有的超过 1600 辆的低排放运输用车;可口可乐公司的技术人员试图在铝罐的可循环和塑料的玲珑剔透之间寻求平衡,他们正致力于把金属铝、玉米或生物材料制成新型瓶子;印第安纳州的斯巴鲁公司,夸口说它每年扔到垃圾池里的废物比一个普通的美国家庭还少。于是我们看到,对于环境问题的认识,已经通过反馈模式极大地改变了传统的营销活动。"

在介绍完对营销活动带来的环境损害的最新一代解决方案之后,法林宣布进入答疑时间。刘石之前的担心可悲地成为了现实:从这时开始,一直到七分钟之后下课铃响起,学员们都没有提出什么问题来。结果,学员们眼睁睁地看着法林在铃声响起的同时,向学员点头辞别,然后匆匆向着教师休息室走去……

法林老师推荐的参考书

《**出路:对美国工商业面临的变革的预告**》 爱德华·法林著。在新的世纪里,由于生产力的提升和营销活动的加强,美国的社会和自然环境都受到了更大的影响,应如何看待和处理这些影响,是该书关注的重点内容。

第十三堂课

莱昂老师主讲"非营利营销"

> 一家企业如果标榜自己是非营利性的,其实那代表不了任何东西。

莱弗里特·塞缪尔·莱昂(Leverett Samuel Lyon,1885—1959)

莱昂是以经济学家的身份研究营销学的,因此他的营销视角比一般学者更为广阔。从1921年开始,他陆续出版了《我们的经济组织》《政府和经济生活:美国公共政策的发展和当前问题》等书。他对政府等非营利性经营机构的研究受到了世人的关注。

如果要问在这轮营销培训中，哪位老师更能代表中国人心目中的传统老外形象，那么他必然是莱弗里特·塞缪尔·莱昂。

突兀的大鼻子笔直地从两颊中间伸出，似乎是被牵引拉长，直到把鼻息处压得变了形，隆起着朝向地面；相对地，口唇部则显得颇为"内敛"，结果又把下颚突了出来……这就是7月12日，站在教室众学员面前的任课老师的形象。

"他应该有更多的欧洲血统，是个正统的大鼻子。"赵哲凑近刘石，说出自己心中的猜想。不过刘石对传统大鼻子的印象并不算好，在他的记忆中，当欧洲人更多地拥有这种相貌的时候，刚好耽于征伐。他们先是使得欧洲内部战乱频繁，随后鹰钩鼻子又随着哥伦布的航海大发现在全球范围内掀起了血腥的殖民运动。

因此，从看到莱昂开始，刘石的心里就对他产生了不自觉的戒心，甚至是敌意。

🔑 对非营利的澄清

"非我族类，其心必异！"刘石看也没看赵哲，冷冰冰地回了一句。赵哲诧异地看着他，搞不懂好哥们儿是怎么回事。

和刘石不同，赵哲对人欠缺敏感度。刘石之前和他讨论过，认为他适合从事"对物"的工作，也就是以非生命事物为中心的事务，比如工程师、金融专家等。需要钻研人心的工作，不适合他。

"各位早上好。我是这堂课的教员莱弗里特·塞缪尔·莱昂。今天为大家介绍的是非营利性组织的营销活动。"与他粗犷的体型相比，莱昂的声音显得细而尖，而且吐字也给人一种偏软的感觉。

"非营利性组织？就是政府和那些基金会吧。"刘石想道。

"作为所有内容的先导，"莱昂目光柔和地看向学员们，"我们先介绍一下什么是非营利性组织。"

"非营利性组织的概念起源于西方国家，它有着 nonprofit organization (US and

UK)、not-for-profit organization (UK and others) 等名称。从字面上来看，它是一种'没有产出'的组织，但是一般被理解成'没有利润'的组织。不过在美国，被设计成非营利性的组织并不一定没有赚钱的计划。事实上，不管一家企业如何标榜自己是非营利性的，那代表不了任何东西。"

全冬梅老师评注

一姑娘对一公子说：我不是为了你的钱。但实际上这并不能代表什么确定无疑的事实。

"……"刘石无语。既然研究对象的范畴都无法确定，那这堂课还怎么讲？

"不过，鉴于非营利性组织从20世纪70年代以来数量一直都在以惊人的速度增长，学术界虽然勉为其难，却也不得不将这些组织纳入研究范围，毕竟它们在社会经济中扮演的角色已经举足轻重。人们一直试图归纳出非营利性组织的共同特征。另外，虽然把自己定性为非营利性的组织也可能在生命周期的某一阶段堂而皇之的谋取利润，但是，我们往往可以在它们的生命历程中找到一些并不追求利润的时期。因此，在本课中，"莱昂顿了一下以凸显下面叙述的重要性，"我们把从事经营活动的经济组织不以谋利为目的的时期称为非营利性时期，并权且把处于这一时期的组织称为非营利性组织。这节课对非营利性组织营销的介绍，也是建立在对其概念的这种理解的基础之上的。"

在听过十几个外国老师的讲课之后，刘石已经开始习惯于他们"废话"多的特点。他甚至还帮这些外国教师找到了造成这种絮絮叨叨的表达方式的原因：他们的文字本身就带有这样的特点，说出一个字要连发很多音。正是这种多音节字的特征，还有被广泛认可的连音、略音现象，让他们觉得多说和少说几个字没什么区别。也许正是因为这个原因，这些老外才发展出了不同于中国人的语言幽默——反正要多说些废话，就干脆用俏皮话来填充这些语言空位吧！

"老师，您的意思是这节课我们学习的非营利性组织，其实是一个处于非营利性的经营阶段的组织了？"陈艳提出了自己的疑问。

"对，是这样的。因此这些组织的营销活动也被称为非营利营销。"莱昂点头肯定。"比如，一家收益很高的企业，把利润完全用在扩大再生产上，即采购设备、原料，雇用工人等。我们这节课讨论的结论也将适用于它。"

非营利性组织的营销活动

"原来一家企业的盈利性质还是可变的。"刘石感到自己的眼界被莱昂开阔了——可是这样一来,人们还可以相信什么呢?

"早期形式的,也是在人们意识中更纯粹的非营利性组织往往都靠社会捐赠获取它们的资金。因此,募捐这个某些非营利性组织的生命支柱,也成了营销学界对其关注的焦点之一。"莱昂语气轻盈,嗓音亲切,逐渐开始赢得学员们的好感。

"难不成老外都内秀?"刘石翻翻白眼,还是无法抹去自己心理上的阴影。他甚至开始怀疑,自己对大鼻子的警惕是否源于基因结构对过去记忆的继承。

"下面我们就来介绍一下非营利性组织获取捐助的途径。"莱昂低头在讲台上找着什么,但嘴上却没有停,"事实上,由于非营利性组织的增加,如何能够在筹款的竞争中脱颖而出,已经成为了其管理人员面临的头号难题。"

"可是老师,""前捣蛋王"张梓在刘石意外的目光下,彬彬有礼地向莱昂老师提问,"筹款又不是营销,为什么我们要学习与此相关的内容呢?"

"不不不,这位同学的理解有一些小错误。"莱昂轻轻地摇头说道。紧接着,他就筹款为什么是非营利性组织的营销活动这个问题做了说明。随着"大鼻子"把非营利营销活动一步步剥茧抽丝,大家心中升起了大彻大悟的感觉……

莱昂介绍说,营销的根本在于交易,也就是产品或服务的买卖过程。拿慈善组织来说,当和被捐赠者交易时,它们卖出的是资助财物,买到的是社会责任感的平复和内心的平安;当他和捐赠者交易时,他们转手将从被捐赠者处换来的慈善成就感卖给对方,并从这些人的手中买到用于支付货源成本的物资。因此,即便是慈善行为,仍然是通过交易的方式来实现的,而非营利营销正是非营利交易的催化剂。

"老师,难道说只要有交换,就必然有

全冬梅老师评注

慈善组织可以被视为是一个零售商:他们买进受捐助者,并卖给捐助者。

营销吗？"赵哲若有所思地提问道。

"那倒也不是。"莱昂伸出舌尖舔了舔双唇，解释说，"从定义上来看，营销要么就是交易本身（从客观角度看），要么是交易的催化剂（从卖方角度看）。在第一种情况下，答案是肯定的；但是在第二种情况下，营销就不是必需的了。"

"说完了非营利性组织的交易本身，我们接下来了解一下作为交易行为的支持的其他经营活动，比如用工问题。"莱昂低头看了看教案，接着说，"很多慈善机构大量通过民众志愿的方式来获取人力资源，另一方面，人们的志愿未必能够和可供安排的工作相符合，因此，如何调配志愿资源就成了这些机构的管理者需要慎重处理的问题。"

虽然不遗余力地榨取劳动者的工作能力在营利性组织的管理中无可厚非，但是嫁接到非营利性组织上让刘石颇为无语。难道这不违背非营利性组织的人本思想吗？哦，不对，今天的非营利性组织已经不是从前的那个"她"了……

"为此，他们需要首先通过调查活动来了解民众的志愿分布，并通过合适的媒介来解除潜在的志愿者。"莱昂温柔地看着学员们，但所有人都能感觉到他内心的炽热——那是一种对学科理论的崇高信仰。"比如，愿意从事照顾小孩子的工作的志愿者通常有着较大的年纪，比起网络媒体，他们更倾向于通过社区板报、广播来了解外界。因此，想指望在网络BBS上招募到这些老当益壮的志愿者，是收不到太好的效果的。"

"另外，并不是所有的岗位都能招募到秉持对应志愿的志愿者。这时就需要对人们进行沟通和说服，使他们调整自己的志愿，以对应机构内有人力需求的岗位。比如，调查得知，男性和没有工作的志愿者，往往比女性和有工作的志愿者更愿意在志愿从事的工作中付出更大的精力和时间。因此，该机构的组织者需要花费努力，使女性和有工作的志愿者更多地重视起他们的这份工作。"

听到这里，赵哲饶有趣味地看向刘石：这个家伙会不会愿意志愿从事社会公益活动呢？看起来不像那么有奉献精神的孩子啊！

"而对于那些向其工作人员支付货币报酬的非营利性组织来说，如何在员工中间分配工资预算就是他们要考虑的首要问题了。"说到这些"披着羊皮的狼"，莱昂老师眼中的热情消去了不少。

"一般来说，需要向所有员工支付不低于市场平均水平的工资，才能够保证机构的稳定运行，毕竟在人才的争夺中，非营利性组织并不会比营利性组织得到更大的优待。唯一不同的是，有些国家和地区会对非营利性组织征收更少的税赋和其他经营费用，直至零税率。因此，这些机构受到的工资成本压力相对要小。于是，他们可以给出比市场平均水平高的工资。这也是一些人喜欢在非营利性机构工作的原因之一。"

这一次，迟钝的赵哲也捕捉到了莱昂目光中成分的变化。然而敏锐的刘石却

非营利性组织的真面目

对于非营利性组织，人们不应简单地把它等同于慈善组织。

一人打着非营利性组织的旗号。

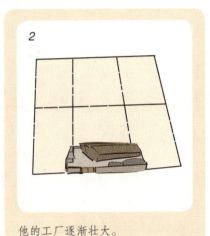

他的工厂逐渐壮大。

工厂转型。

老板赚得盆满钵满。

没有注意到这一点。这是为什么呢？原来，刚刚赵哲戏谑地看向刘石的时候，后者也在怀着同样的疑问打量陈艳——结果他就走神了。

"即便是被雇用来的高级管理人员，也可以自由地要求任何他想要得到的工资数额。"当刘石回过神来，莱昂已经讲完了自有资金来源的非营利性组织内部的工资分配，以至于由于缺乏衔接，后面的内容他听得云里雾里。"比较特殊的是这些组织的出资人，他们是无法获得该组织在运营中产出的额外利益的——这些利益都需要被投入到下一阶段的机构运作之中。"

"最后，即便是非营利性机构，也可能需要和它的上下游渠道商打交道。不过，尽管它的存在为这个渠道链条注入了非营利成分，但一般说来却得不到任何政策上的优待——可能存在的优待被认为已经在更早之前直接交付给了该非营利性组织本身。"

不过还好，聪明的刘石很快就意识到，这一小节的内容已经介绍完毕了。不然，如果因为落下一小段内容而影响到对后面大量的知识的理解，那可是吃了大亏了。刘石不免暗自庆幸。

非营利性组织的运营核心

"老师，为什么很多非营利性组织的运营效率都不高呢？刘石是个幸运儿，不仅莱昂本人打算用非营利性组织的营销活动的具体内容收尾，很长时间里都是他"眼中钉"的张梓这一次也帮了他的忙，用一个问题阻挡了莱昂授课的进度。

"这位同学问得很好。"显然这一次张梓意外地命中了一个关键的问题。"尽管营销学为营销活动提供了许多重要的指导意见，使得后者在许多细节上的运作效率都得到了提升，但是它却无法帮助这些机构解决那个最关键的问题，即经营方向。一些非营利性机构没有给自己制定明确的目标和发展路线，绩效系统的缺失导致了惰性在员工中间普遍流行，正是这些原因拖住了非营利性组织的效率。"

听到这里，陈艳不免微微一笑："莱昂老师说得倒是委婉。组织严谨如政府，聪明如社会精英，怎么可能意识不到'为人民服务'这个政府的执政目标。地球人都知道，他们是'非不能也，实不为也'。"

"而无论是详细的发展计划，还是科学的绩效系统，都是依附于组织运营的**最终目标而存在的**。因此，制定明确的运营目标，是提高非营利性组织运营的根本途径。当然，对于营利性组织也是如此。不过后者的目标通常很统一，也很难被忽视，那就是赚钱。但对于非营利性组织则不同，他们的定义只给出了他们的目标不能是什么，却没有给出他们的目标到底是什么。因此，每一个非营利性组织都必须明确它运营的目标，这才是一切营销活动的最终基础。"

> **全冬梅老师评注**
>
> 目标永远是最关键的。失去了方向（单位），一切数值都无法为生产生活服务。

目标真的很关键。现在的刘石十分清楚这一点，尤其是他看到陈艳嘴角浮起的笑容时，他心中已经不自觉地笃定了某个目标……

"比如，慈善机构的目标是帮助需要经济、感情援助的人们。因此，它们的运营指标应该是帮助了多少被援助者，援助的效果是否足够好等。"讲到神圣的慈善机构，又想到龌龊的假非营利性组织，莱昂心中的不满转化成了脸上严肃的表情。"明确不同运营指标水平，可以为一个科学的绩效系统提供判断的依据，并以此来敦促所有员工提高效率。"

其实，对于其他处于各种各样的目的设立起来并标榜自己的非营利性质的组织机构，同样存在一个经营目标。比如政府的目标是帮助纳税人更好地生活，这就应该被作为衡量政府工作效益的指标。一个无法给纳税人提供更好的生存环境的政府，就像其他效率低下的经营机构一样，长期看肯定会有问题，或者在短期内至少会缺少支持，如自上而下的倡议得不到响应等。这些道理，随着学员们社会经历的增长，他们会一点一点地领悟到。

"总之，和营利性组织一样，非营利性组织也需要对它的客户负责。"莱昂加强了语句之间的连续速度，显然他不想让学员们把他正在讲述的这些内容割裂开来理解，"这种以市场为中心的运营策略被称为市场导向。市场导向是营利性组织和非营利性组织共同的核心运营理念。20世纪70年代以来，美国高等教育机构、慈善机构、图书馆甚至监狱、警署，都引入了市场导向。"

"老师，我们已经明确了市场导向是组织运营的必修课了。"在刘石的注视下，陈艳敦促莱昂加快课程的进度。很明显，离下课铃响已经没有多久的时间了。

"但是具体来讲，怎么样才能贯彻好市场导向的精神，以至于让它统筹组织运营系统，并赋予这些机构生命和灵魂呢？毕竟，如果仅仅停留在口头上，就会让这些机构仅仅知道应该怎样走，却不能保证它一定会践行这条康庄大道。"

"对。因此，在实际运营部门正式运行之前，管理者需要做好以下几个步骤的工作。"莱昂点头答道，"第一步，也就是明确市场，即确定客户群。这里不仅包括被提供服务的对象本身，还包括这些客户对这些服务的需求情况、时间、空间乃至于强度、密度的分布。之后，就是导向的工作。它包括把客户的需求完整地、正确地、彻底地跨部门传递，并根据各自的职责对其做出适当的反应。比如，在明确了客户需要一只给他五岁的女儿玩耍的布娃娃之后，该信息需要转达给所有工作部门（可能会在做过更改和修饰之后）。之后设计部门负责设计布娃娃的内外部结构、规定填充材料等，并形成生产部门可以理解的方案记录。生产

非营利性组织的营销

无论非营利性组织还是营利性组织，都好像一部机器，原料从一端进入，经过这部机器的处理转化为产品从另一端输出。

部门根据客户的急切程度安排生产节奏,而质检、交付部门则根据客户要求的质量和交易细节来完成他们的工作。"

非营利营销的实施

"通过上面的介绍,大家应该已经领悟到了,非营利营销和营利营销并无本质区别。它们的不同仅在于后者的经营目标是统一的,即赚钱;而前者的经营目标是不同的,不同的组织有着不同的经营目标。"

"老师,如果经营目标不同,那它们的运营策略也会不同,这样一来我们怎么研究它们,并得出统一性的结论呢?"张梓问道。

"嗯,这位同学顾虑得对。"莱昂说。"但是,前面我们说过了,尽管它们的经营目标不同,但是它们都要遵循市场导向的原则。因此,研究者通过这个途径,来得出两者的共同规律。事实上,非营利性组织的研究者发现,由于经营原则相同,其实非营利性组织的营销实践方式和营利性组织大同小异。"

"原来如此!"刘石恍然大悟。

"不过下面我们还是独立地介绍一下非营利性组织的营销实施。"莱昂说道,"大家很快就会发现,其实我下面介绍的营销实施,梅纳德老师在第八堂课中大都有所涉及。只是我必须保证我负责的这部分知识体系不存在空白的知识点。因此,从头至尾地介绍一下非营利性组织的营销实践,是必须要进行的工作。另外,"他神秘兮兮地说,"**无论如何,关于营利营销和非营利营销在实施方略上是相同的这个结论毕竟是前人得出的。**而营销学本身正在不断发展之中,新的结论随时可能推翻旧的结论。作为前人,我要做的是抛砖引玉,给出自己的看法,让后人能够站

全冬梅老师评注

营销活动,无论是营利性的还是非营利性的,只是目标不同。从战略到实施的步骤是一致的。

在我们的思想基础之上，通过自己的解读和感悟，不断地深化、更新营销学的认识，甚至推倒重来。实际上，这正是科学探索的基本思路。一代又一代探索者踩着前人的足迹，不断地加强对这一学科的未知领域的探索。事实上，如果他们的寿命足够长，很可能会在探索的过程中不断地否定自己之前做出的结论，并做出相反的结论。就这样，不断地通过对未知的探索和思考来更新对客观世界的认识，以形成一个完整的、正确的学科体系。"

台下的学员都有点儿听傻了，莱昂老师居然在介绍一个前面老师已经讲过的内容的时候，把知识的介绍上升到了哲学层次。在座的学员中，没有一个人事前想到，这样一位看似粗犷的老师，居然有着如此精细和彻底的科学思想。

"如大家所知的，营销实践的第一步是构建营销战略。"就在大家还沉浸在对科学哲学的惊叹之中的时候，莱昂已经回到了本课的正题，"对于非营利营销来说，需要从确认营销活动的外部环境入手。"

"而对于营利性活动来说，因其在宏观经济中所处的位置的不同，它们面对的环境也有所不同。对于非营利性组织而言，这点又引起经营目标的多样性而被多番放大了。"

"1989年英国大学在研究海外招生的活动时，营销学者玛格丽特·金内尔建议考虑生源地的政治、文化、经济等方面的环境因素，她甚至给出了高校营销的环境结构模型。"

"在制定了营销战略之后，非营利性组织的管理者就需要借鉴营利营销中已经成型的那些具体营销手段来组织自己的经营活动了。在更多的情况下，"莱昂说道，"无论是非营利性组织还是营利性组织，都会倾向于把这些手段结合起来运用。这也就是人们常说的——"

"整合营销！"刘石一直都跟着莱昂的思路，以至于在老师还没有完成下面的名词的发音的时候，他已经在心中将其默念了出来。

"比如，这些机构需要监督好自己的生产行为，并建立好上下游的营销渠道。总之，各位之前听到的和后面课程将要学到的营销活动，都可以被妥善地安排进这些组织机构的营销组合之中。"

听到莱昂讲到后面的课程，刘石不禁遐想："后面的课程内容都有哪些呢？自己已经学到了商品、机构、渠道、管理、市场、促销等知识，营销学中还有哪些重要的知识领域没有被涉及呢……"想到这里，他看向陈艳，"这个女生肯定有自己的认识，她对营销学的知识体系的梳理应该是所有学员中最好的。那么，下课后——什么？已经下课了？"

就在刘石臆想的过程中，其他学员也从知识的海洋中回过神来，回到了现实生活中。公平地说，刘石也是如此。不是吗？如果不是，那他为什么心跳逐渐加速，嘴角也微微翘起？他只是去试图和陈艳讨论营销学知识而已，并不是去搭讪，不是吗？

不论别人是怎么想的，赵哲对好伙伴行为的理解永远是那么的单纯……

莱昂老师推荐的参考书

《**政府和经济生活：美国公共政策的发展和当前问题**》 莱昂著。本书中，作者对美国政府的各项政策对经济产生的影响做出了深入的分析。虽然没有被明确地提出，但是在对政府运作的评论中，莱昂的非营利组织经济学观念在本书中已经显露无遗。

第十四堂课

诺斯老师主讲"服务"

> 服务的灵魂就是人,也就是服务的直接提供者。

埃德温·格里斯伍德·诺斯(Edwin Griswold Nourse,1883—1974)

　　诺斯是美国早期的营销学家,他研究的主要方向是农产品营销。由于农产品与国民的生活息息相关,诺斯便也涉及了公共服务方面的营销活动。诺斯的主要著作有《美国的生产能力》(1934)、《公共服务中的经济学》(1953)等。

怪老头——这是刘石和赵哲对那堂"服务"课的任课老师埃德温·格里斯伍德·诺斯的评价。

诺斯之所以能够给学员们留下清晰的印象，并不是因为他的教学能力有多强，也不是因为他有多么帅气迷人。正相反，在那个难得的清凉早晨，当腮边和唇侧被皱纹累累包裹、额头却光亮如年轻人般的诺斯出现在学员们的眼前，胆小的女生几乎被吓得浑身发抖——在这些涉世未深的少年心里，似乎只有生活在世界末日时期的人，或者是在生活中遭遇了可怕事情的人，才能拥有这样的相貌。

很久以后，已经上了大学的刘石出于偶然翻看了一本心理学著作，里面提到人类对相貌的恐惧其实和看到伤病时产生的不适感是一脉相承的。这时刘石才最终明白，为什么此前无畏的他看到诺斯的样貌都会在内心中升起了深深的恐惧：人们怕的不是诺斯本人，而是给诺斯留下如此残忍的岁月痕迹的危险力量。

🔑 什么是服务营销

"女士们，先生们，"让学员们稍感安慰的是，诺斯的言谈亲切有礼，"我是埃德温·格里斯伍德·诺斯，这堂课为大家介绍服务营销的内容。"

"在前面的课程中，各位老师已经介绍过营销活动中的方方面面，其中也涉及了服务营销的内容。"诺斯略显混沌的双眼透过两片昏暗的镜片向外张望，"但是其中涉及的营销学规律大多约定俗成地更多地适用于产品。作为服务行为，由于其自身的特性，尚有许多规律并未言明。本节课的目的就是专门针对交易活动的另外一个中心——服务来介绍与之相关的营销学知识。"

> **全冬梅老师评注**
>
> 服务性产品的特殊性决定了相应的营销活动也会有所不同。

诺斯在台上侃侃而谈，台下却无言地炸开了锅。学员们要么自顾自地心思急转，要么左顾右盼交换眼神。很明显，大家都对这位诺斯老师充满了惊奇和探问。他究竟经历过什么，让他拥有了如此骇人的样貌？为什么他的言谈举止温和有礼，与他的外表完全格格不入？还好诺斯的授课进度不快，不然等学生们静下心来听课，不知要落下多少重要的知识内容。

"老师，您是说商品分为产品和服务，之前的课程是围绕商品的这两种共同属性展开的，而这节课则针对产品的服务特性进行补充讲解？"不太公平地说，张梓的外表看起来和诺斯的风格还真有几分相似。难道就是因为这样，他才能够受到诺斯外表最少的影响，把精神集中在知识层面，甚至敢于举手提问？

"对，其实本也应有对产品专门介绍的课程，只是我不确定这轮培训是否安排了。"诺斯点点头，注视着张梓。"事实上，之前的课程，虽说产品和服务都有涉及，但是总的来说还是偏产品的，所以，我猜未必会安排专门针对产品进行介绍的课时。"

对学校的安排，学员们只能接受。其实他们参加这轮培训，没打算学到多么系统的营销学知识，只是觉得有这些大师级的人物来授课，所讲的内容的深度自然不可同日而语。

"进入20世纪下半叶，服务产业开始呈现明显的高速增长势头……如今，服务行业创造的GDP已占全部份额的80%。但是，学术界对服务营销这一细分领域的研究却开始得很晚。直到1974年，约翰·拉斯摩关于服务营销的专著问世，才填补了这一细分领域的学术空白。"诺斯边回忆边介绍，"自此，服务营销学这一营销学分支正式诞生了。"

"老师，这么说，所谓服务营销，指的就是交易对象是服务行为的营销活动了？"陈艳对这个短语的含义结构尚不确定。

"对，有些人听到这个名称，可能会误以为它指的是营销活动中的服务行为，或者干脆就是服务性质的营销行为，这些理解都是不正确的。其实，服务营销就是营销，只是对象是服务而非产品罢了。"诺斯解释道。

服务的性质和特点

"老师,真的有必要把服务从交易的对象中独立出来吗?其实,广义地看,服务也应算作产品的一种形式,两者真的有必要分得那么开吗?就好像游戏点卡,说它是产品它也是产品,但游戏玩家花钱购买的,其实是点卡背后的服务啊!"

千呼万唤始出来。在之前的课时中,后排座位经常会传出提问,但刘石回头却找不到提问的人。但是这次不同,该学员是站起来提问的,以至于刘石终于可以一睹其庐山真面目。这名男生其实长得蛮英俊的,有一种天然的而非刻意修饰出来的潇洒气度。他大致180厘米的个子,浓眉大眼,嘴角总带有一丝的笑意。

原来是他——初尧。

"嗯,这位同学问得好。"诺斯表情万年不变的那张脸又上下改变了几下角度,刘石甚至以为他已经失去了做出面部表情的能力。"原本学者们也持有这种态度,这也正是服务营销学为什么出现如此之晚的原因。但是,人们后来发现服务有着截然不同于产品的一些性质和特点,以至于大家开始取得这样一个共识,就是有必要把服务营销单独作为一个细分学科来看待了。"

很明显,诺斯接下来要具体介绍赋予服务今天地位的特有属性。刘石和赵哲不约而同地抬起头望着诺斯,等待着他的下文。其实,学员们自己没有感觉到,随着课业内容的展开,大家已经渐渐忽略了诺斯那张骇人的面容,完全进入到知识的海洋中去了。

全冬梅老师评注

在服务具有的所有特质中,无形性是最根本的。其他特性或多或少都与它有关。

"不同于产品,服务通常有着**无形性、不可分性、易变性和易逝性四大性质**。"诺斯瞪着两只混沌的眼睛,刘石在其中捕捉到了几分迟疑。至于这些迟疑所针对的对象,没用刘石揣摩多久,诺斯本人就给出了答案:他把服务的性质在黑板上列写出来,显然是怕学员们一下子记不住这么多的特点。

"服务在被购买之前无法被看到、尝到或用其他感官了解到,这就是服务的无形性,也称为不可感知性。"诺斯指着黑板上第一个名词解释道。"在美容手术的绷带被解开之前,接受手术的客户无法知道自己美貌或者帅气了多少;买了机票的旅客的手中,其实除了航空公司关于将会安全按时将其送到目的地的承诺以外一无所有。服务的无形性催生了客户对服务的不确定性,而这种不确定性反过来赋予了服务营销大不一样的运作模式。"

"为了降低不确定性,顾客习惯通过一些蛛丝马迹来判断自己将会获得的服务所能达到的质量水准。人们光顾建筑外墙装饰得富丽堂皇的饭店,是因为他们认为一家服务机构的硬件和软件应该是相互适应的。服务机构的所在位置、接待人员的精神面貌、服务项目的标价都能够在一定程度上反应买者所能最终享受到的服务的质量水平,不仅买者对这些指标十分关注,卖者也把这些细节纳入他们营销计划的关注点之中。具体来讲,服务的提供者必须通过一些途径将无形的服务有形化,以此作为买者可以解读的、指征服务水平的信号。"

"其次,"诺斯指着黑板上靠右的文字说,"服务在同一时间被生产和消费,这就造成了服务的不可分性和易逝性。不可能存在这样一种情况,明明侍者把菜肴呈给了食客,食客却在五分钟以后才发现食物被摆在自己的桌子上。也就是说,对于服务而言,它的生产者、消费者以及服务本身,是构成服务行为缺一不可的三个要素,服务不可能像产品一样先被生产出来,然后经过储存、运输、分配这些环节,最后才呈交给买者,而买者也不可能先把服务买到家里,放在冰箱里冷藏,然后随自己的喜好选择消费的时间。为此,服务提供商无法向产品生产者一样预先生产出足够的服务,因此无需为高峰需求提供弹性产能。公交公司不得不在早晚高峰时段催促司乘人员更快地用餐;旅游旺季一到,景点的管理者都会绞尽脑汁掏光游客兜里的每一分钱,然后留着在淡季的时候慢慢花。"

"此外,目前的服务都有着很强的人治化倾向,这就造成了服务的易变性。同一个服务员星期一的工作效率可能要远逊于其他日子,原因仅仅是他习惯度过一个疯狂的周末。为了避免消费者被忽冷忽热的服务人员弄得摸不着头脑,经营者制定了详细的考察指标,力求贯彻标准化的服务程序,以降低服务易变性的风险。"

"所以,大家都看到了,服务有着明显不同于产品的特性。正是这些特性,使服务的提供者做出了许多与产品的生产者所不同的经营活动,也敦促学者将其独树为一个专门的学科。"

🔑 服务的灵魂

讲完这一节关于服务性质的内容,诺斯僵硬地转动脖子,审视了一下学员们的反应,希望能够在大部分学员的脸上找到若有所悟的神情。可是,让这位老师感到极度挫败的是,学员们虽然没有面面相觑如入云雾之中,看起来也没觉得服务营销有什么大不了的。

"老师,您刚才讲了很多性质啊、对策啊什么的,听起来蛮复杂的,我也记了笔记。不过,哪一个才是重点啊?"正当诺斯对孩子们没有如他期望的那样体会到服务营销的特殊性感到懊恼的时候,张梓的一个问题给了他一个绝妙的提示。

"这家伙,平时上课老师给画重点画习惯了,这次培训又不考试,他居然也习惯性地问上重点了。"刘石不免翻起了白眼。

张梓的提问无疑为不知所措的老师点亮了一盏明灯:"对啊!我说他们怎么没什么反应,原来是条目太多,光吃下去就消耗了不少精力,现在还没来得及消化呢!"

"对,有重点。"意识到问题所在,诺斯决定帮学生们梳理一下服务营销有别于产品营销的知识脉络。"我在这里可以负责任地告诉大家,现阶段服务的灵魂,就是人，也就是服务的直接提供者。"

"就是服务员呗。"前几节课刚讲了销售员，这节又讲服务员，这营销培训还真挺贴近实际的。刘石心中略感好笑。

"也许有人认为，服务的提供者本身很不值得一提。"惊讶于诺斯和自己居然如此

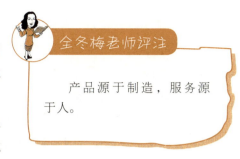

全冬梅老师评注

产品源于制造，服务源于人。

心有灵犀，刘石心里一虚。他端详了诺斯好一会儿，确定老师没有特殊地留意自己，才放心下来。

"而且很遗憾，持有这种思想的人为数甚众，甚至很多服务人员自己也习惯看轻自己。"诺斯继续说，"但是实际上，就像产品的销售员一样，服务人员对交易能否达成，还有更重要的与客户保持良好的关系这个可持续营销的关键要素，都有着至关重要的作用。"

自打上课以来，诺斯给出的结论还没有像现在这样引人注目：几乎所有学员都目不转睛地盯着老师，他们只是为了弄清，那些看似不起眼的服务人员怎么能够对服务营销的成功与否有着如此举足轻重的影响。

"其实在上一小节中我们已经给出了支撑这样一个说法的关键证据，那就是服务的不可分性。"诺斯略微侧头示意学员们看向黑板上的文字记录。"服务不能与其直接提供者分离，服务提供者的素质直接决定了服务的质量，这是服务的基本性质，也是服务营销学中不破的真理。"

"正因为如此，想要保证服务的质量，那么服务人员的素质就必须要首先得到保证，否则一切都是空谈。"说到这里，诺斯本就"惊人"的面容上写满了严肃，"即便对于政府机构也是如此。"

刘石想起了上第九堂课那天，路过的冰激凌店态度恶劣的店员。就是她让赵哲没有吃成冰激凌。当然她得罪的不是潜在的客户，而是他这个对潜在客户有影响力的多事之人。

"不过，仍然有许多明智的服务提供商认识到了服务人员素质的重要性。他们重视服务人员的教育和培养，从而最大限度地保证了服务的质量。"说到这里，诺斯的脸色缓和了下来。

"四季酒店是全球最好的酒店之一，而它之所以获得此项殊荣，正是由于其对员工的重视。在这里，客人每晚支付超过1000美元以享受真正的宾至如归，

而四季酒店从未让它的客人失望过。"

　　对四季酒店，刘石也曾有所耳闻。据他舅舅，也就是刘石之所以来听这轮营销培训的始作俑者告诉他，曾有一位四季酒店的客人告诉这家企业的一名经理，说如果这世上真的有天堂，那么他希望它将由四季酒店打理——由此可见，四季酒店提供的可算是天堂级的服务了。

　　"你们从公众视角看到的东西，正是他们对公司的人员的行为的反应——他们是使这家公司成功的心脏和灵魂。当我们说人是我们最重要的资产时，不只是说说而已。"诺斯边讲边微微地点头，可见他自己对这家天堂级的企业也是十分的赞赏，"这是四季酒店的创始人兼首席执行官 Isadore Sharp 的名言。'我们力图以一种期望别人对待自己的方式来对待他人，而你对待员工的方式反映了你期望他们如何对待顾客。'为了保证服务人员的质量，四季酒店雇佣最优秀的人，精心地指导他们，并通过对杰出服务事迹的认可和奖赏来向他们灌输提供高质量服务的自豪感。"

🗝 服务——利润链

　　"好了，在介绍过服务行为最关键的人治思想之后，我们来总结一下影响服务业务成功水平的因素和它们在整体服务业链条中的地位吧。"诺斯翻了翻教案，抬头说道。

　　"老师，我能不能打断一下……"张梓怯生生地举手说道。

　　"可以。"诺斯看看张梓，点头应允。在心里，他还是蛮感激这个学生的，没有他，自己不可能取得这样满意的教学效果。

　　"我有一个问题，就是您刚刚一直强调服务质量的重要性，也提出了通过加强服务人员的素质来保证服务质量的方法。"张梓小心地一步步引出自己的问题，"但是，我们中国有句古话叫'人算不如天算'。对服务营销而言，营销战略设计得再精巧，也很难做到完美无缺，总会有达不到要求质量的服务出现。对于这种情况，服务提供商应如何面对呢？"

对张梓这个人，刘石颇感奇怪——人的前后差异居然可以这么大！看到今天这个谨慎小心、发言滴水不漏的张梓，谁能想到他就是在前些天课上旁若无人地打断老师教学活动的那个捣蛋鬼呢？

"嗯，这确实是一个问题。"当然，对张梓过往的"劣迹"，诺斯是并不知情的，在他眼中，这可是一个谦虚有礼的好孩子呢。"顶级的服务公司为它们的服务质量建立的严密的监控体系，优质服务不是它们的目标，100%无瑕疵才是它们对自己的要求。"

确实如此。刘石课后曾仔细算过，2%的出错率对于服务公司来说算不得高了，但是如果放在全美知名速递公司 UPS 上，那将意味着每天丢失或送错 310000 个包裹；在同样的绩效标准下，全美药剂师每周也将开错 140 万个药方——这得死多少人啊！

"但是，尽管公司竭尽全力，但偶尔仍然会出现员工向顾客大发脾气和厨师把牛排烤焦且未能及时发现这些情况。在这些时候，服务补救行动就成了为这些意外事件兜底的工具了。**事实上，优质的服务补**

全冬梅老师评注

利润产生链条中的任何一环都会对最终受益造成影响。良性循环还是恶性循环，只在一念之间。

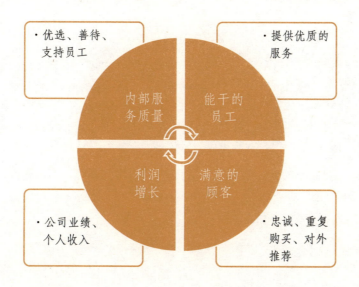

救措施可以将愤怒的顾客转变为忠诚的主顾,这甚至比本身就完美无缺的服务更能带来顾客的好感。"

"哦?"虽说知错能改,善莫大焉,但化妆师的妙笔生花应该怎么也比不上青春偶像的天生丽质吧?不得不承认,刘石又一次被诺斯给出的结论吸引住了。不过诺斯还没来得及进一步解释,下课的时间就到了。临行前,老师在黑板上给出了服务营销的盈利链条。

  诺斯老师推荐的参考书

《公共服务中的经济学》 埃德温·格里斯伍德·诺斯著。书中介绍了以公共服务为中心的经济运行原理,详举了美国经济中的各种案例,突出了与以产品为中心的经济活动所不同的内部规律。这是一本可以帮助读者详细了解那个时代美国营销学术界对当时公共服务运行的看法的好书。

第十五堂课

斯科特老师主讲"客户"

客户满意度测评是营销学中的重要一环。

华特·迪尔·斯科特（Walter Dill Scott，1869—1955）

斯科特对营销学的贡献，早年集中于广告学方面。但是不同于其他研究广告活动的学者，斯科特更多地从消费者心理的角度来建立评判广告效果优劣的方法。后来，他对消费者心理的关注从对广告的响应扩大到了其他方面。1928年，他的《影响商业活动中的人》一书出版，标志着他正式开始对营销活动中的人进行全方位的解读。

星期四的上下午都安排了营销课，因此学员们中午休息之后，又回到了教室里，等待下午课任课老师的到来。经过上午课诺斯老师的精神震慑，学员们都比较疲惫，大多选择了安静的小憩，因此教室里没有出现上午课之前的那种人声鼎沸的情况，这也给刘石提供了专心思考上一节课末尾自己没能解决的疑问的机会。

经过和赵哲的讨论，两人达成一致：这是人性使然。人的欲望是无限的，一旦当前的欲望得到满足，新的欲望必然会萌发出来。无论是打蛇随棍上还是这山望着那山高，人的欲求永远是不满足的。因此，就算服务人员提供了100%的高品质服务，顾客还是会觉得应该仍然有改进空间——结果，这时候倒霉的就是商家了。

而服务补救则不同，它给了顾客这样一种印象：尽管这些服务是存在瑕疵的，但是它们本身已经具备了非常高的水准，且在不断的持续改进中。这就意味着这些服务将"没有最好，只有更好"，而这则刚好符合了买者不断追求更好，而对最好的存在不以为然的本能。

"人心真是个奇怪的东西！"刘石摇摇头，"要是有专门介绍人心的课程就好了，也许我该了解一下学校有没有搞心理学的培训……"

客户与满意

"谁说没有了？"刘石自言自语的话音刚落，门外背着手走进一位笑嘻嘻的老人。"这堂课我们讲的就是'客户'，内容的核心就是客户的心理和对客户心理的把握和迎合。"

"我是华特·迪尔·斯科特。"老人瞄了一眼又惊又喜的刘石，抿嘴笑道，"刚刚我还没进教室就听到有人在召唤我的到来。看来，我负责的这堂课还是蛮受欢迎的嘛。"

抛开将要学到的知识内容不谈，刘石心里盘算着：这个斯科特，该说他平易近人好呢？还是自来熟？

"其实，只要大家仔细想一想就会明白，营销的大方向是什么。"斯科特玩味地看着学员们露出的被他吸引的神情，"如果说促成交易是营销的目的，那么让顾客满意就是营销的根本战略。一个对产品和服务满意的顾客，不会受到这其中再大的缺陷的影响，从而缩回正在掏钱的手。这在贵国，有一种形象的说法，叫……叫什么来着……"斯科特陷入苦思，脸上的皱纹更深了。

"有钱难买我乐意。"后排传出熟悉的声音。这回刘石知道了，是初尧。

"对！对！对！"斯科特给学员们的印象就是童心未泯，以至于想到一件有趣的事就乐不可支。"这里的'乐意'就是顾客的满意，而不计花费就是顾客满意所能促成的结果——面对一群就是喜欢给自己掏钱的顾客，卖者夫复何求呢？"

"因此，实用营销学者也把如何建立起顾客满意作为了重要的研究方向。"不过斯科特貌似没有那么高的节操，在他的脸上，学员们看到的是对"顾客满意理论"的坚强信心。"在几十年的研究中，学界对顾客满意理论已经形成了三大焦点，即顾客满意的概念、形成机理和顾客满意度的评判这三个方面。接下来，我们就一一对其进行介绍。"

说着，斯科特看向学员们，略微点点头，微笑显得意味深长……

🗝 什么是满意

"满意，即 satisfaction，它的拉丁字源是 satis，即充满、足够的意思。"斯科特用绵软的声音向学员们解说道。"对于顾客来说，他们预先会对即将购买的商品在意识中形成一种期望，一旦这种期望被满足，那么我们就说顾客满意了。反之，则没有达到让顾客满意的效果。"

"这么说来，"陈艳貌似想到了什么，迫不及待地打断了斯科特的介绍，"老师，为了让顾客满意，卖者可能会选择通过某种手段降低顾客的期望，或者塑造一个更容易被它们的产品或服务满足的期望，并把它加入顾客的意识中去？"

怪不得这女生如此不管不顾，原来她想到了这一层面的问题。刘石很快意识到了被陈艳犀利的意识剥开硬壳后暴露在众人眼前的是怎样一个惊人的结论——这就是"企业级的忽悠"！

笑容在斯科特的嘴边浮现，并逐渐扩大到眼角眉梢，到最后，他老顽童一样的面庞像极了一朵绽开的花。这是一种未想言明的心事被道破时的羞赧表情，只是被世俗化了而已。"这位女同学说得对，是可以这样理解。而且，这也确实是客户营销学研究的主要方向之一。"

"加个'之一'就想淡化影响蒙混过关，这是欺我年少啊。"刘石觉得自己被当成小孩子在哄了。不过没关系，只要自己心中了然即可，何必非逼着人家摊牌呢？有时候，人们不得不承认，良好的工作和生活状态，是需要一点点自欺欺人的——也许，这也是一种自我满意的行为吧。

全冬梅老师评注

还记得第二堂课中的需求与效用吗？满意，就是效用足够的情况。

"我们刚刚讲到期望的形成，下面我们具体讲解其中的过程。"放下一瞬间被撩起的营销遮羞布，斯科特淡定地收回话题。"人们小的时候是不懂得购物的，购买的行为是阅历的积累。孩子们咀嚼着祖母带来的糖豆，默默记下其中口味更好的一种的包装样式，心里盘算着这将是下个月零用钱的预算之一。这个时候，他们已经通过亲身体验形成了对这种糖豆的期望。一旦个把月后，他们从零售商处买到的同样糖豆口味逊于预期，他们就是不满意的。事实上，一些有心的家长在更贵或者更加不健康的食品包装里装上味道更好的零食，让孩子对这些包装中的零食形成更高的期望，以至于当他们亲身购买同样零食并品尝之后，瞬间感受到的不满意足以让他们在很长的时间内不再产生对该种商品的购买欲望，从而达到节约或者保健的目的。这通常要比苦口婆心的说服教育、恫吓哄骗更为有效。"

好，好歹毒的大人……刘石似乎在自己的记忆中搜寻到了一些类似的模糊场景，表情又阴又晴……

"除了个人体验之外，他人的介绍、企业的宣传都可以使潜在消费群体形成对目标商品的期望，当这些期望过高时，他们更可能被驱动首次购买，但由此带来的满意度落差会严重降低他们二次购买该商品的可能性；但相对地，如果企业的宣传使消费者形成的预期被产品品质超乎想象地满足，则会给消费者留下美好的体验,这显然有利于建立长久的客户关系,但如何推动人们首次购买该商品则成了卖者需要头疼的事情。"

这就叫鱼与熊掌,不可兼得吧!

🔑 满意的主观特性

"在介绍了顾客满意的定义之后,下面我们着眼于如何以更小的成本建立起足够高水平的顾客满意,其核心就是利用满意的主观特性,或者说消费者的不理性。"在"小九九"被陈艳揭穿之后,斯科特的表达变得赤裸裸了。

满意是一个主观化的概念,因此可以被虚构和利用。这也是改善顾客满意度的途径之一。

"老师,构建顾客满意也需要支付很大成本吗?"正当刘石在私底下对破罐子破摔的斯科特不以为然的时候,张梓举手问道。"您刚才不是说了,想要让顾客满意,只需调低他们的预期。而为了达到这样的效果,卖者只需在宣传的时候低调一点儿不就行了吗?"

张梓的提问虽然打乱了斯科特的教学节奏,却也将所有学员都暂时带入了一个迷局之中。循着张梓的思路,大家都觉得塑造满意的客户体验并不是多么困难的事情。

"嗯,也对。"斯科特低下头,带着笑意整理了一下措辞,重新看向前方的学员们。"不过这里有一个问题,那就是客户的期望并不仅仅受到单一卖家的宣传的影响,还受到自身经验和同业竞争者的宣传的影响。比如,购物中的女人普遍认为同行的男士应该帮她们负担那些她们应付起来吃力的沉重包装。在这种意识的驱使之下,即便出门前丈夫已经告知妻子自己今天想保持双臂的轻松,但妻子心中仍会升起失望之情。"

"也就是说,由于市场竞争的存在,商家为使顾客满意所需要支付的成本,是有一个公约的水平线的？"张梓眼前一亮，替所有学员说出了心中的追问。

"正是如此。"斯科特点头，脸上挂着万年不变的慈祥微笑。

听到这里，刘石突然想起历史上的"闭关锁国"来。

"中国历史上的一些统治者奉行愚民政策，想要全天下的子民都改变成老实巴交的农民，而厌恶那些'见过世面'、四处游走的商人只怕也是这个道理。"刘石是个历史爱好者，想到这里他的思想已经在开小差了，"老百姓不了解十几

竞争与满意

当市场上不存在竞争时，人们的满意度标准不同，当市场上存在竞争时，人们的满意度趋于一致。

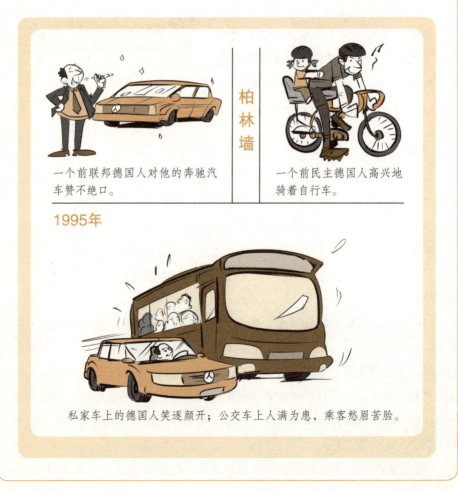

一个前联邦德国人对他的奔驰汽车赞不绝口。

一个前民主德国人高兴地骑着自行车。

柏林墙

1995年

私家车上的德国人笑逐颜开；公交车上人满为患，乘客愁眉苦脸。

里路以外的世界是什么样子的，自然生活水平和期望值都降低了。有点儿意思啊，看样子普天之下，都在喊'吾皇圣明'还是非常有逻辑的……老子讲究小国寡民，把'客户满意度'这个理论反向研究得很深啊，难道他是一个营销学大师穿越过去的……"

"从营销学这个角度来考虑历史，还是蛮有趣的……"突然，刘石意识到自己走神了，急忙聚精会神起来，仔细听老师在说什么。

"另一方面，以客户为中心的公司总是试图传递比竞争者更高的顾客满意度，因为只有这样，才能使自己的产品在众多的竞争者中脱颖而出。这就进一步推高了这种营销策略的运营成本。"斯科特的思路很清晰，以至于他能够一次又一次地把被学员扯得不能再远的话题扳回教学方向的主线上来。"但顾客满意终究只是营销活动的重要方向，并非其根本目的。当促使顾客满意造成的成本上升无法被随之而来的利润增长所抵消的时候，商家对顾客满意的追求就会随之而停止了。"

可是，这种情况真的可能发生吗？疑问在刘石脑中一闪而过，随即被他丢到意识的角落里——斯科特开始讲新的内容了，他可不想丢了西瓜去拣芝麻。

"下面我们来看如何利用客户对商品认识上的主观性和不理性，来以更低的成本实现更高的客户满意度。"斯科特看到学员的注意力随着他话音的落下一瞬间集中在了自己的身上，惶恐地多解释了几句，"当然，对于不同的产品和不同的客户而言，适合采用的客户满意营销内容也不同。所以这里只能通过举一些例子，让大家对这种营销手段运作方式有所体会。"

很明显，这家伙也是怕给我们建立过高的知识预期，从而使自己的教学遭到诟病吧。用斯科特刚刚讲过的知识解读了老师的行为。

"前面我们已经说过，与事实不符的宣传会至少损害长期和短期利益中的一个，因此，目前企业所做的以培养用户期望为目的的宣传活动都是基于事实的。比如，诺基亚手机宣称它的供应链不存在人权问题，也就是该公司不向不尊重人权的供应商采购，这就使得那些重视人权的用户倾向于购买该品牌的手机。一些商品在宣传的过程中，刻意地突出产品某一方面的功能。比如保健器材商家宣传，采购保健品并送给父母是对家人爱的体现。而爱是无价的，所以它们的商品标定很高的价格仍然有人愿意购买。对这些人来说，他们头脑中理智的地位已经被情感所取代，但企业的这轮客户满意度营销却取得了成功。"

听到这里，刘石想到年初自己用压岁钱给爷爷买的小猫。在猫贩子"给老人找个伴儿"的忽悠下，自己乖乖掏出了 1000 元钱，而那猫明明就是满大街跑的那种最普通的猫。虽说爷爷收到猫很高兴很喜欢，但刘石心里还是挽了个疙瘩。

🔑 客户满意度测评

"好了，我们已经讲完了客户满意的概念和在营销方面的应用。我相信一定有人已经注意到一个问题，"说着，斯科特向赵哲所在的位置点头示意，"那就是想要在营销活动中大规模地使用客户满意度营销，就必须了解客户对特定产品或服务的满意度指标。这样才能够做到有的放矢，不至于在客户满意度的水平和成本之间不知所措。"

"为了获取客户满意度水平，研究人员制定了相应的评定指标，并给出了对这些评定指标的测定方法。下面，我们就来介绍对客户满意的测评方面的内容。"说着，斯科特拿出一张卡片。

"1989 年，瑞典推出了第一个国家顾客满意度指数模型，其中包括顾客期望、感知质量、总体顾客满意、顾客抱怨和顾客忠诚 5 个变量。"斯科特亲密地举着小卡片，用手在上面指指点点。"这是一种结构方程模型，其价值在于可以通过线性统计完成数学建模，具有允许自变量和因变量存有测量误差并可以考虑潜变量之间的关系这些优点。随后，美国、欧洲等也相继提出了它们的顾客满意度指数模型。"

斯科特又拿出了两张卡片，每张都与其他的有所不同，但构建元素之间的映射关系的方式仍然是一样的。

"老师，这些模型具体怎么使用才能帮助人们得到客户满意度的指标，并作为营销活动的参考呢？"一阵沉默过后，陈艳说出了众人心中的疑问。

"这些卡片上画的，都是计算顾客满意度的理论结构模型。在具体的使用中，

仍然需要通过统计得出数据，并代入根据这些模型抽象出的数学方程式，最终才能够得出量化的数据。不过，无论是美国的还是欧洲方面提出的客户满意度模型，都远没有达到最完善的程度，因此——"

"所以对客户满意度的量化测评，还无法广泛应用在营销活动中？"这一次，张梓有些恢复了往日的"风采"。

"是的。"斯科特顿了顿说，"营销学毕竟是一门十分年轻的科学，而客户满意度营销更是其中较为新的知识内容，因此相关的理论研究尚在不断进行当中。但也正是因为如此，给不断成长起来的新一代学者提供了展露才华的广阔空间。贵国清华大学也提出了顾客满意度的计算模型，但许多工作仍未展开。如果有心去摘得营销学的桂冠，各位均有机会一展拳脚。"

全冬梅老师评注

如何衡量客户满意度，是一个复杂而前沿的问题。人心难测，直到今天，仍然如此。

新的学科要搭配年轻的人，不断地探索需要由锐意进取的心来推动。时代的重任已经开始一点点地压在学员们的肩头，大家都隐约地感受到了其中的压力。那么还等什么呢？更多地专注，更多地参与吧，一分耕耘，一分收获。

斯科特老师推荐的参考书

《影响商业活动中的人》　斯科特著。本书作为斯科特研究商业活动中的人为因素的心得大成，讲述了如何通过对人施加影响来达到商业目的的方法，是一本出色的商业心理学著作。

第十六堂课

霍奇基斯老师主讲"整合"

乔治·伯顿·霍奇基斯（George Burton Hotchkiss, 1884—1953）

　　霍奇基斯对营销活动中不同职能机构的合作进行过深入的研究。他的《商务中的进阶一致性》一书是他研究生涯中一块重要的里程碑。霍奇基斯的研究更多地涉及营销职能机构之间的协作，对企业内部各部门之间的协作也有论述。

14日，星期五，晴。

刘石一直因为学生会的事情忙得焦头烂额的，一直到快上课的时间，接到刘艳的电话，才想起今天有营销课的事情。

等他满头大汗地走进教室，发现所有人都到齐了，就差他一个，而离上课的时间还差一分钟。

"你干吗去了？"赵哲一边递过一张纸巾给他擦汗，一边关心地问道。

"我们学校不是马上要开展义卖活动吗？我那边忙得不可开交，根本忘了上课这件事情。"

"是不是义卖的物品不够啊？你得四处去宣传然后淘东西。"

"不是啊，同学们很积极，我们那里都堆满了，快放不下了。"刘石说道。

"那肯定是没人干活吧。毕竟学生会的事情，除了你们几个干部，其他人不是很积极。"赵哲的声音在最后一道上课铃声中显得有点儿模糊。

"也不是，临时抓了十几个'壮丁'，要人有人，要东西有东西，不过就是忙。"

这时，坐在前排的刘艳突然回头插嘴道："你这叫资源整合力度不够。所以这节课一定要好好听。"

"为什么？"刘石和赵哲两个人同时向刘艳打听。

刘艳神秘地一笑："马上你们就知道了，这节课讲的就是整合。"

🔑 企业内部的整合

毕竟培训的课程是上一堂少一堂，失落的情绪不免在学员们心中升起。于是乎，大家看向这一节课的任课老师乔治·伯顿·霍奇基斯的目光出奇地柔和。

不过，霍奇基斯一点儿也不解风情，他没有一句铺垫，直接进入正题。

"在前面的课程中，大家曾不止一次地接触到'整合'这个概念。"霍奇基斯在欧洲血统的人群中应该算英俊的吧，但到了中国，限于审美观的不同，他的魅力还是要大打折扣。"这节课，我们从上中下三个维度来详细介绍企业级营销活动的整合。"

"上中下？维度？这个霍奇基斯也太不懂得铺垫了吧。"刘石对霍奇基斯不管学员能否接受而直接扔出科学术语有所不满。

"首先，我们来关注最微观的层面，即对企业内部职能部门的资源整合。"有鉴于霍奇基斯明显不同于之前几位老师那样循循善诱，一旁的赵哲也打起了十分的精神，边听霍奇基斯讲解边消化吸收，联想、解读他给出的每个结论的前因后果。

"每一家企业的员工都会抱怨身边存在部门之间协作不畅的情况，一线的工作人员比任何人都清楚这种情况带来的资源浪费有多么严重。**但通常来讲，员工的意见无法对高级管理人员的行为产生任何影响——事实上，即便是在那些宣称自己最为重视底层员工意见的企业，他们的这种文化氛围也仅仅停留在形式上。**看看落魄的诺基亚和危机丛生的微软，我们就知道这些号称有着最先进体制的企业实际上是多么大的问题。"

> **全冬梅老师评注**
>
> 整合不能出于决策者的一厢情愿。并不是所有的产业都适合进行整合。

刘石默然。确实，号称"科技以人为本"的诺基亚，不仅在 Meego 系统生机盎然的时候将其砍掉，随后又将几乎所有的鸡蛋都放在了 Windows Phone 平台这个充满争议的篮子里。而曾经作为一代年轻人梦想代名词的微软，连续遭受 Windows 8、Windows RT 和 Windows Phone 三大平台无一成功的打击。

"所以说，就现阶段而言，自下而上的全民决策对这一时代的企业来说仍然是不现实的。"霍奇基斯有些沧桑、有些坚定、有些质疑、有些不满的眼神配合他所讲述的内容。

"因此，为了提高企业运营和营销活动的效率，就必须自上而下地加强职能部门之间的协作，从而完成企业内部资源的整合。最后力出一孔，获得最强的竞争力。"

协调是一件很可怕的事，它能够产生的力量往往让人难以置信。1000个人散乱地走在石桥上，不足以威胁它结构上的完整；但如果这些人的步调协同，则仅需不足一半的数量就可以通过简单的踏步行进将其摧毁。因此，当霍奇基斯强调部门协同的时候，刘石丝毫没有质疑其中的正确性。

"企业内部之间的协作，可以遵循着不同的方向来实现。"事实上，霍奇基斯的眼神很像鲁迅先生。"毕竟力出一孔的原则并没有约束部门合力的出口具体是哪一个。一般来说，较为方便的整合部门力量的方式有对资源的优化配置、对消费者需求的满足和对品牌价值的提升。在这些应用场景中，内部协同所创造的价值最终得到体现。"

"大家知道微软收购诺基亚手机业务这件事吧。"霍奇基斯老师继续讲道。

"2013年9月3日，微软正式宣布斥资37.9亿欧元收购诺基亚手机业务，同时以16.5亿欧元收购其专利组合，而在这次收购完成后，诺基亚'设备与服务部门'将被收归微软所有。"刘石自告奋勇地站起来为大家讲述了一遍。

"没错，通过此次收购诺基亚手机业务和专利组合，微软成功填补了自己当前所欠缺的部分关键元素。微软相比以往任何一个时候，都更加需要在移动市场中变得更具竞争力，该公司目前在美国市场的移动市场份额不足4%，而这也恰恰是公司首席执行官史蒂夫·鲍尔默'被迫'下台、微软斥巨资收购诺基亚设备与服务部门的最主要原因。"

"那么，我们不妨借此机会看一看在微软收购诺基亚后所迎来的一些变化吧。"

"首先，微软将获得十分巨大的发展中国家市场份额，并获得相当可观的欧洲市场移动份额。"

"其次，诺基亚在全球范围内都仍然是一个被人们所熟知和喜爱的品牌，因此微软或许会因此而最终放弃在移动设备上继续使用Windows品牌。"

"最后，收购诺基亚的手机业务，将为微软带来更加出色的硬件研发工艺，虽说诺基亚旗下的Lumia 1020身材并不苗条，但是该机型所配备的4100万像素摄像头还是令业界震惊。可以肯定的是，诺基亚仍然有能力在创新方面同苹果和谷歌（微博）一较高下，而后者此前已经成功收购了摩托罗拉手机部门。"

🔑 渠道层面的整合

"接下来是渠道整合的内容。"课程进行到这里，刘石甚至有些怀疑霍奇基斯今天是不是和人吵架了。这种生硬的内容跳转实在不应该是一位资深的教员所应当采取的教学方式。不过，他转念一想，谁知道霍奇基斯来这里之前是不是当老师的呢？算了，凑合听吧。自己的资质在班里应该可以排到中上，既然自己只能勉强跟上霍奇基斯的思路，那么恐怕会有一大批人沦为笔记本的奴隶了……

"企业内部环境和渠道环境合在一起也被称为企业的微观环境。"说到这里，霍奇基斯眨了眨眼睛，画出了微观环境的示意图。

"谢天谢地，你总算是人性化了一回。"刘石在心中不满地嘀咕，如果这次霍奇基斯没有形象地帮助学员加深印象，恐怕聪明认真如他，也要落下一些内容了。

"对渠道力量的协调与对公司内部部门的协调有着本质的区别。"霍奇基斯带着一成不变的苦难表情看向学员。"在这里，你无法使用强权来支配这些力量，必须使用更有策略的方式来协调这些资源。美国的汽车制造商每年都会为他们所购买的零件设立降低成本的目标，并竭尽全力去实现它。然而结果是，他们的情况一年比一年糟。这就是高压政策和一厢情愿的理想所遭遇的现实。"

"然而与此相反，丰田汽车不仅从它的供应商手中购买零部件，还与他们合作，并积极帮助他们获得更高的收益。这家知名的汽车厂商乐意帮助它的供应商培训员工，为他们提供更为科学先进的业绩考察系统，甚至当丰田汽车召开年度表彰大会时，它的供应商也会得到相应的奖赏。就

全冬梅老师评注

渠道的效率可以因整合而大大提高，因此也成了最常被整合的营销活动之一。

这样，丰田汽车与自己的供应商建立了和谐的协作关系，从而不断地推动其采购成本的降低、整车质量的改进和最终收益的提高。"

"对于企业的下游渠道商，企业同样不能轻视。"霍奇基斯正专注于营销学脉络的整理，自然不会有闲工夫捕捉学员席投来的异样目光。"事实上，下游渠道在某种意义上是作为生产企业的顾客而存在的。规模宏大如沃尔玛、塔吉特、家得宝、好市多、百思买这些零售商中的任何一个将特定生产商的产品全线下架，都可能导致这家企业的资金链出现问题。而一旦它得罪了这些零售巨头中的大部分，这家生产商将陷入无限窘迫的境地。正是出于这方面的考量，可口可乐公司和麦当劳、温迪、赛百味签署合约，使自己成为它们的独家饮料供应商。作为回

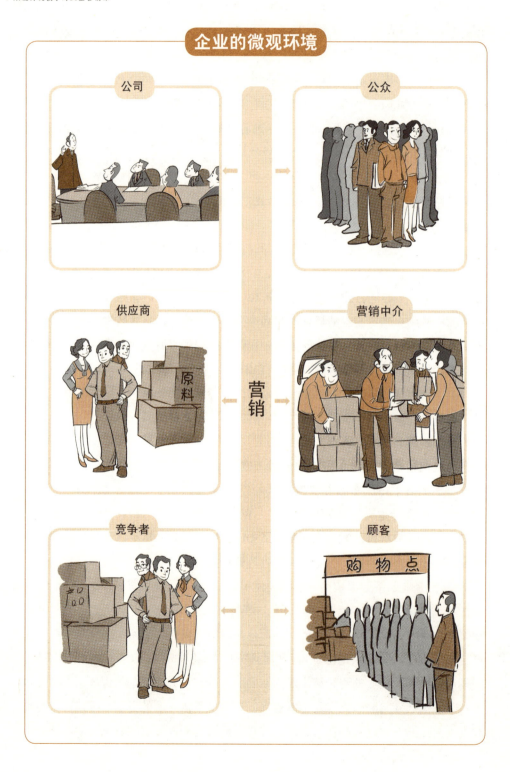

报,可口可乐不仅为这些客户提供大幅折扣,还在营销和配送方面给予支持。"

"老师,企业试图整合上下游渠道的力量,以共同讨好终端顾客,这点容易理解。"也许是受到霍奇基斯快节奏教学的影响,赵哲今天也变得积极起来,甚至参与到了课堂提问的活动中去,"但是,对竞争者力量的整合,这点又从何谈起呢?"

"嗯,对于这一点,确实有必要做以说明。"霍奇基斯点了点头,把目光从赵哲身上转向正前方以面对大多数学员。"相信各位都听说过'没有永远的朋友,也没有永远的敌人,只有永远的利益'这句知名的话吧。对于身处同一市场的竞争企业来说,它们对彼此并不仅仅存在不利作用。有序的市场竞争可以敦促企业不断提升自身竞争力,从而不断做大做强,最终超出原始市场的限制,进入外部全新的市场,开辟更多的产品线。退一万步说,当市场竞争处于无序状态之下,

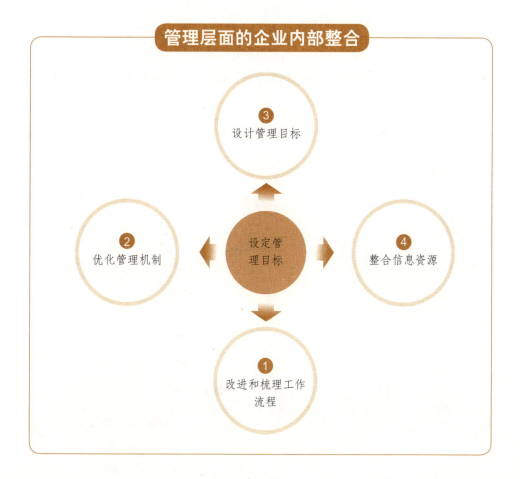

原本的竞争者可能迅速集结成垄断同盟，共同榨取该市场内部高于竞争状态下平均利润的单位产品收益。因此，合理的整合竞争企业的力量，同样能够起到有利于自身的效果。"

"至于公众和顾客，他们是最有权评判一家企业的经营效率的人群。事实上，最新的经营理念已经把顾客从上帝的神坛上搬下，并把他们抬到了最高办公室的老板椅上。来自他们的任何好意或恶意的批评，都是企业进步的最好的推动力。"

🔑 宏观环境的整合

在老师停顿的空当，刘石用眼角的余光发现前排左侧一个女同学正用小镜子折射着霍奇基斯的肖像，埋头在臂弯里偷偷地看。这家伙还真吸引到女生了！

渠道整合

对渠道的整合，可以有效地提高渠道效率和抗风险能力。

未整合的渠道
单薄、脆弱

已整合的渠道
坚强、持久

"影响企业成功水平的因素,除了钩心斗角的内部人员和互相扯皮的渠道盟友之外,还有着更加无质无形的宏观要素。很多企业主懒得去考虑这些被称为'基本面'的问题,认为所有企业都面临这些考验或机遇,自己就算放任不管,也不会被竞争对手落下。但事实真的如此吗?"

霍奇基斯的授课还在继续,并且难得地用了一次设问的手法。在刘石的印象中,这是霍奇基斯在本课里第一次试图通过铺垫引出下文。

"一般认为,企业面临的宏观环境包括人口、经济、自然、技术、政治、文化这些社会指标所达到的发展水平。忽视其中的任何一个,都会对企业的盈利能力造成负面的影响。习惯在人口大国薄利多销的企业,到了高福利、少人口的国度可能会入不敷出;西部数据的泰国硬盘工厂在2011年遭遇了特大洪水的袭击,导致其产能在长时期内无法恢复到正常水平,加之产销职能的自私自利,导致目前广大 DIY 爱好者仍然无法以低于洪水之前的价格买到这种电子产品。但硬盘厂商的集体限价成就了什么呢?虽然他们的盈利小幅提升,但同时他们也培育起来了可能成为自己掘墓人的固态硬盘产品。"

全冬梅老师评注

能够整合社会各方力量,所达到的水平自然是不容置疑的,但其难度也非同一般。

"老师,您的意思是说,面对同样的宏观环境,那些对其足够重视的企业最终获利总要优于那些对其不闻不问的竞争者。这样一来,虽然后者没有做错什么,却也因为没有做对的事情而被对手落下。也就是说,对宏观环境因素的整合,就好像逆水行舟,不进则退?"

"正是如此。其实,现代企业的经营活动就是这样。智能手机的硬件参数从240×320像素的屏幕发展到今天的全高清分辨率,移动图形芯片的运算能力也已经达到第一代 DX10 桌面显卡的水平。没有人逼着企业升级他们的产品和服务,但是如果他们选择忽略宏观环境的诉求,他们必然会被忽略在宏观环境之中。"

说着,霍奇基斯在黑板上右侧部分又画了一幅示意图。

"人口的变化对产业发展有着重要的作用。"刘石察觉到霍奇基斯似乎暗暗叹了一口气,"以贵国为例,'80后',也就是'以自我为中心的一代人'已经逐渐在社会中担当起越来越重要的责任。他们中大比例的存在被溺爱的情况,因此,

他们比自己的长辈们更多地愿意为自己采购增加生活便利性和舒适性的产品,即便是在他们的经济状况不够好的情况下。他们的这种消费特征直接催生了婴幼儿产品、金融服务、手机服务等产品的爆发式增长。"

"无独有偶,在美国被称为'婴儿潮'的一代人也影响了经济中的方方面面。第二次世界大战结束后,在1946年到1964年这十几年间,美国有7600万新生儿出生。尽管随着战后经济环境的改善,美国的人口数量一直呈现较高的增长态势(2008年年末为3.05亿,预计在2030年突破3.64亿),但今天婴儿潮一代人仍然占全美人口总数的25%,且他们的消费水平占到了全美消费总量的50%。这些拥有美国70%金融资产的人构成了当今全美消费力量的中坚。他们任何的思想变化,都将对个人消费品行业造成举足轻重的影响,无论是金融服务、建筑装修、旅游娱乐,还是外出就餐和营养保健。"

🔑 互联网的力量

"老师!"张梓站起来,支支吾吾好半天不说话。不过霍老师倒没有如刘石般对此厌烦和恼火,反而是温和地轻声询问,脸上甚至还隐约浮起了鼓励的微笑,"这位同学,有什么问题吗?"

"哦,是这样,"张梓终于鼓起勇气,"老师,我们的时间不是很多了……"

听到张梓的话,大家不约而同地通过各种方式确认时间。果然,4/5的课时已经过去了,而霍奇基斯的宏观环境只讲完了1/6。

"哦!"霍奇基斯若有所思地点点头,向张梓道谢,"多谢这位同学提醒。确实,我们的时间不多了。这样吧,我最后再重点讲一下现代企业在营销活动中对互联网力量的整合。"

"当然,这对于从小就在互联网的环境下成长起来的诸位来说,感触反而未必有那么深刻。早些年里,人们对在交易中遇到不公平的待遇做出的反应,最多是向企业的客服代表大吼几句,又或者在店外的角落发泄他们的怨气。但是现在，各位一般会怎么做呢？"

面对老师的提问，刘石第一时间想到了电话投诉，但随后被证明是一个落后的"老古董"。

"当然是发微博吐槽啦！"学员中传出稚气未脱的女声。随即，各个角落里都响起附和的声音。

"对，这就是互联网对人们生活方式的改变在营销活动中的体现。"霍奇基斯淡定地看着学员们。"由于电脑和宽带连接的存在，现在的消费者可以将对各种商品的喜恶随时公布出来。博客、网络聊天室和在线社区都提供了生活信息的

互联网的力量

互联网把人们联结在了一起。

分享平台。在这些平台上,一个用户的体验可以很快得到广大人群的反馈,事实上,人们对来自互联网的信息的信任度要高于大部分传统渠道。"说着,霍奇基斯打开放映机,在学员眼前映射出一批统计资料。

根据《2013年中国网络购物市场报告》数据显示:

80%的顾客去商店购物前要在网上搜索相关的产品信息;

62%的顾客表示他们每周要在网络上花费30分钟以上的时间,来决定是否购买一种商品和购买其中的哪个款型;

78%的顾客表示广告已经不能提供他们所需的足够信息;

92%的受访者认为销售人员的宣传和其他渠道的消息不如互联网上通过自己的筛选得出的结论靠谱……

"事实证明,柜台购物者正在大批地转变为网络购物者。这就要求企业不仅要通过电子商务的方式来开辟新的交易渠道,还要更多地借助互联网来宣传自己好的一面和避免自己不好的一面被大众所知。"

全冬梅老师评注

互联网实现的是信息整合,并通过信息整合来促进营销活动的整合。

霍奇基斯眼中闪过无奈——显然,他已经看淡了这些令人眼花缭乱的网络宣传和反宣传行为。

"为了在网络上提高自己企业和商品的知名度,企业主雇佣信息技术人员为这些内容做搜索引擎优化和在线社交优化。有时他们甚至直接付钱给门户网站和搜索引擎,以使指向自己的图文链接能够占据这些宣传平台上的显要位置。戴尔成立了由四十名成员组成的'社区与社交团队',深入到微博中与广大博主进行沟通和交流……"

在霍奇基斯滔滔不绝地列举企业互联网营销的案例时,刘石想起系统工程师迈克尔·华福上传到YouTube上的一段视频。视频中,看似平静的华福舍弃高尔夫球棒、斧头和刺刀,选择了一根长柄大锤将无法使用的笔记本电脑砸成了碎片——这不是因为好玩,而是因为某知名公司公司拒绝维修这台某个清晨被醒来的机主发现无法使用的笔记本电脑。他们给出的理由是该产品存在人为的被"溅洒液体",即便这是在他们根本无从证明的情况下。这段视频被超过475000人在YouTube上点击,无数的网站和博客转载了它。

"某知名电子产品公司曾经出现过一次'大锤'事件。"霍奇基斯好像和刘石心有灵犀一般地讲到了同一事件:"在一段不利于其形象的视频引起轰动后一个月内,该公司承认自己行为欠妥,并为客户更换了笔记本电脑。互联网使广大消费者可以迅速形成一个共同的利益群体。在这样一个强大的交易对象面前,企业必须小心翼翼才能避免自己的市场份额被对手吞噬。而更早之前,零散的消费者根本无法取得对卖家如此之大的影响力。"

这就叫客大欺店,店大欺客啊!互联网壮大了消费者的力量,使来自世界各个角落的弱势个体形成了合力,从而在交易中占据了优势地位。而此前零散的顾客一直被实力雄厚的、可以买通各种宣传渠道的企业所忽视和打压。这世界上的一切结果,都是由实力的对比所决定的。在营销领域,同样如此。

 霍奇基斯老师推荐的参考书

《商务中的进阶一致性》 书中讲述了商品经济下流通中的各个环节相互衔接、合作、步调协同以取得更好的整体利益和社会效果的内容,是较早的对行业内外部整合理论进行讨论的专著。

第十七堂课

托斯达老师主讲"定价"

> 对于一件商品来说,什么样的价格是可以存在的,什么样的价格是不可能存在的呢?

哈利·R. 托斯达(Harry R. Tosdal,1889—1963)

　　托斯达是20世纪早期率先对销售管理理论进行研究的学者之一。作为营销学的实际开拓者之一,托斯达把自己多年对营销管理的理解整理成书。1925年,他的《人员销售原理》出版;1939年,《销售管理中存在的问题》出版。凭借对一线销售活动的熟稔,托斯达对商品的定价策略也有独到见解。

随着周一大限的临近，教室里的气氛变得凝重起来。刘石周六早上来到教室的时候，发现大部分学员都低着头，一声不吭地盯着笔记思索着，间或翻上一页。

"天下没有不散的宴席。"刘石在心里默默地感叹。虽说这些天来，一个个风格各异的老外总是来去匆匆，学员们根本无从与他们建立所谓的师生感情，但是大家仍然对这种精简直接的培训方式意犹未尽，对一个个走马灯似的老师恋恋不舍。

"刘石，你听说了吗？"赵哲招手叫刘石过去。

听到赵哲的招呼，刘石才发现，原来赵哲没有坐在自己的位子上，而是和几个学员围在陈艳的位子周围，似乎正轻声讨论着什么。

小道消息传开了，今天是倒数第二次培训了，所以教室里的气氛有点儿压抑。

"听说了吗？"有人在窃窃私语。

"早知道了，真是舍不得啊！"有人感慨地回答。

渐渐地，教室里安静了下来。突然有人在沉默中发出了响亮的声音，"能和这些大师们相处是我们的幸运，哪能奢望一直得到这些营销学大师的亲自授课呢？我们只有在剩下的有限时间内，将他们所传播的知识牢牢地吸收才对得住这个机会啊！"

刘石没有回头，没有去观察这个说话的男子是谁，但是也在心底里暗暗地点头："是这个道理，我需要拿出十二分的努力来理解这节课的每一个词语了。"

🔑 定价的策略

一位笑容可掬的老人开门见山地说："同学们，我们要开始上课了。"就这样，老人开始了他的授业解惑。

"今天我们学习的内容是商品的定价,当然这是包括产品和服务两者的。另外,我的名字是哈利·R.托斯达。"

"营销人员是世界上最具斡旋能力的一群人,"托斯达洋洋得意地说,"他们可以通过各种营销行为促成一笔原本看似不可能达成的交易。但是有一样东西,永远扼住他们的咽喉,那就是商品的价格。贵国有一句古话,叫作'巧妇难为无米之炊'。对于销售人员来说,就算他们能力再强,也不可能把商品以远高于正常水平的价格卖出去。为此,生产者必须制定合理的价格,才能使最终的收益达到最高。"

"那么,商品的价格政策是如何制定的呢?是卖者随便拍拍脑袋想出来的吗?显然不是,那么,有没有人能告诉我,对于一件商品来说,什么样的价格是可以存在的,什么样的价格是不可能存在的呢?"样貌富态的人虽然很难和帅气联系起来,但是他们的亲和力一般是要强于其他人的。托斯达就是这样的人。在托斯达长辈一般慈祥的目光鼓励之下,学员中间终于传出了响应的声音。

"老师,商品在定价时,不能低于生产成本,也无法过多地超出顾客对价格水平的预期。"赵哲回答道。

"对喽!"托斯达满意地大点其头,"这位同学说得很严谨,不过大致来讲,**我们只需要知道价格的制定并不是完全自由的,它必须处于卖方成本和买方预期之间。在最坏的情况下,卖方成本高于买方预期,那么在长期上,这样的交易根本不可能持续。**"

全冬梅老师评注

商品价格可以被随意指定,但想要成交就要接受价格范畴的约束了。

"老师,也就是说,一般而言,定价的下限是卖方成本,上限是买方预期,在这两者之间,是这样吧?"好兄弟都出场了,刘石自然不能落后。

"对对,就是这样。"

定价的方向

"好了,在了解了定价的策略之后,我们下面来了解一下在定价区间内部,企业如何具体制定商品的价格水平。"托斯达微笑了一下,"由于有着上下限的存在,最简单的定价方向就是从上限或者下限出发,不断地降低或者提高价格,以找到那个能够给卖方带来最高收益的产品价格点。于是，就有了基于客户价值定价和基于产品成本定价这两种定价方向。"

"老师，我记得借助经济学知识，是可以计算出均衡定价水平的，为什么还要通过一点点的试探来调整售价呢？"受到刘石、赵哲二人的鼓励，学员们的积极性被普遍地调动起来了，第三个出场的是初尧同学。

"不，不，不！"托斯达摆了摆肉乎乎的大手，脸上的笑容却一点儿未变，"经济学中对最优价格的计算本身也是基于统计数据的。如果没有试探，哪里来的统计数据呢？所以，即便是最有经验的营销人员，也只能根据经验缩小最优价格水平所在的区间。但想要不通过试探，直接给出价格数据，在现阶段是不可能的。"

刘石明白，托斯达说现阶段不可能出现，是因为相应的统计和计算水平都无法达到要求。经济学中对最优价格的计算模型是基于这样一个事实的：越是广泛和深入的统计，就越能够得出精确的价格数据。但包括竞争产品、客户喜好、外界影响在内的诸多因素可以说根本无法被完全地统计，而且即便是相对粗略的统计在相关职能尚未成型的今天，对一家企业而言也是浩大的工程。因此，通过不断地调整价格来寻找最优价格水平，仍然是所有企业定价的基本方向。

"老师，您刚才说的不断调整价格，是一点一点地沿着一个方向调整，还是大幅度地进行试探，并且并不仅限于同样的调整方向呢？"陈艳问道。

"嗯，这位同学问得好，很贴近实际。"托斯达含笑点了点头，"价格调整策略和定价方向紧密相关。一般而言，刚刚被提到的两种定价方向都存在，只是第二种需要做一些小小的调整。毕竟，忽上忽下的大幅波动会让顾客对一种产品无所适从。"

"目前比较多见的定价方向有市场撇脂定价法和市场渗透定价法。对于前者，"托斯达的笑容突然洋溢了一下，"大家也可以记成揩油定价法。这是一种以高价格作为起点，不断地随着上市时间的延长而降价的定价方向。"

先高价后低价的定价策略，在经济学中属于垄断者的价格歧视内容。

"跳水王……"刘石想起了自己之前买的手机，那个品牌就以在上市时先定高价，之后每隔一段时间大幅降价而著称。

定价的方向

采取不同的定价方案/方向,市场反响不同。

当定价由高到低时,人们逐渐喜笑颜开。

当定价由低到高时,人们逐渐变得愁眉苦脸。

而他现在手上另一款手机也正让他承受着同样的煎熬……

"这种定价方向是有经济学基础的。它可以充分调动不同购买者群体的购买欲望,并最大限度地搜刮他们手中的钞票。"说到这里,托斯达显出"你懂的"的神情。"'果粉'会第一时间购买新款 iPhone 产品,即便这时它的售价是一年之后的价格水平的 2 倍;精打细算的买家会在手机新品上市之后半年左右出手购买,一般而言这时候的价格已经趋于平稳;在其他行业也有类似的行为。"

"而市场渗透定价则与之相反,卖者会一次性地设定足够低的价格,以迅速吸引消费者购买占领市场,最大限度地扩大市场份额,以规模效应摊低边际成本,从而进一步保持这种价格优势。"

听到这里,过半学员心中都出现了一个词——业界良心。事实上,很多人都接触过以这种方向进行定价设计的产品。一般而言,消费者对这种一次性完成惠民定价的生产商都会心存好感,对该企业生产的其他产品也会更加关注。于是,它们能够迅速地提升市场份额,也就在情理之中了。

定价的方法

"老师,您刚才讲的是定价时价格变动的方向,那么在价格不变的情况下,是否有静态的定价方法呢?"不在沉默中爆发,就在沉默中灭亡。在刘石的记忆中,赵哲只是在培训的前几堂课中展示过他的才华,随后就归于沉寂。他把托斯达讲述的内容以科学性的视角进行了归纳,从而推理出本应存在的另外一部分知识内容。

温故而知新,可以为师矣。刘石看了看赵哲:这家伙,厉害啊!

"嗯,对。"托斯达看起来倒是没想那么多,平静地回答着赵哲的问题,"这也是我下面要讲到的内容。**小包装的产品往往会比大包装的同种商品拥有更高的价格密度。**"托斯达收敛了一些笑容,他要进行长篇大论了。

全冬梅老师评注

无论采取何种定价方法,实现利润的最大化,都是卖方的最终目的。

"同品牌、等重量的桶装水通常要比瓶装水便宜上一点儿;为了刺激节约能源,政府可能会敦促供电企业实行阶梯电价;同样的定价方法在存贷款利率上也有体现,这就是商品的分段定价方法。"

定价的方法

大宗交易　　　　　　小宗交易

通常来说，大宗采购都可以拿到更低的价格。

"大宗采购一般会获得卖方额外的补贴或者折扣，这就是折扣定价法。折扣定价的意义在于，在局部通过提升销量的方式来获取更高的收益……"托斯达不厌其烦地列举着定价的方法。

"老师，怎么有这么多的定价方法，就没有一种足够完美的，可以让卖方不必费心推行其他方法以构成定价组合的定价方式吗？"教室左侧传来女声。刘石翻翻白眼："现在的孩子怎么都这么懒啊。不过，算了，这也是好事，懒本身也算是一种需求，而有需求就会促进经济的发展……"

听到这个问题，托斯达先是一愣，接着他的嘴咧开了："很抱歉，这个真没有……"

说完，托斯达把定价方案这部分内容草草收了尾，过渡到了下一段内容——价格的应变。

价格的应变

"上面我们讲过了交易中的卖者如何根据客观条件来为自己的产品制定价格水平,以收获最大的利益。但是,客观条件并非一成不变,当外界环境发生变化之后,商品的价格水平自然也应当做出相应的调整。下面,我们就来看一下,卖方如何根据客观因素的变化而调整自己的产品价格。"

"当然,"看着学员们兴奋的表情,托斯达似乎意识到了什么,"这里说的价格调整不仅仅是降价,还有提价的可能。"

价格的应变

价格应变的根本在于供求关系。

当供大于求时企业会降低售价。

当供小于求时企业会上提售价。

"那么,老师,"张梓举手问道,"在哪些情况下卖者会降价,又是在什么时候他们会选择提价呢?"这家伙虽然在礼仪方面有所进步,但是察言观色方面仍然欠火候——很明显老托下面就要讲这部分内容了。

"在生产过剩、需求减退的情况下,卖者会考虑降低商品价格以增加销量,侵占本属于竞争对手的市场份额。"托斯达心中无奈,他不喜欢跟着别人的思路走,不过眼下不回答张梓的提问还不行,因为对应的答案本就在他的计划之中。

"而对于提价来说,则没那么容易,尽管大家都想这么做。"托斯达振作精神,可亲的笑容又开始在脸上浮起,"占到销售额的3%的边际利润率在业界很常见。在这种情况下,价格每提高1%,企业的最终收益会增长33%——由此可见,提价对企业利润的贡献有多么大的影响。"

33%,确实不少了。对于上市公司来说,依照股市大盘波动的惯例,业绩增长33%,足以让它的股票连续涨停3次。

"但是,在试图向顾客收取更高的价格时,卖者必须考虑竞争者的情况和顾客的心理。收取高于竞争对手的价格是一种很危险的行为,即便是行业内完全的垄断者,也必须避免被消费者视为一个价格收税官。试图提价的企业必须做好顾客解释工作,比如成本的上升、需求的大量增加带来的产能不足等。顾客的记忆是长期性的,只要有机会,他们必然会离开那些被认为向他们收取了不公道的价格的卖者。极端情况下,如果全行业都被视为是欠缺良心的,那么该行业的企业可能会集体遭受政府的管制或惩罚,或者更严重的——消费者可能会对该行业整体离心离德,从而将其彻底摧毁。"

全冬梅老师评注

为什么实际生活中,商品涨价的情况很少,反而降价的情况更多?竞争、需求弹性和生产力的不断提高都是其中的原因。

听到提价可能会带来如此严重的后果,不少学员露出难以置信的表情。但是对于刘石和赵哲来说,他们太理解了。就因为机械硬盘企业的集体涨价(截至2013年年中,机械硬盘生产企业的总产能早已恢复到泰国洪水前的水平),导致这两位DIY爱好者坚决不换新机,直到固态硬盘(另一行业的产品)的价格下降到他们能够接受的范围。事实上,机械硬盘厂商一反常态地对其客户的过度盘剥已经严重威胁到了这一行业的生存状况，甚至更严重——出于对硬盘厂商的敌视态度，坚守性价比原则的 DIY 爱好者中，持有和刘赵二位相同态度的人占了不小的比例。如此庞大的人群拒绝换新机，直接导致了其他电脑配件在产销上的大萧条。事实上，据闻当时中关村的电脑商家已经没有在同栋大楼里卖快餐的挣得多了。

"此外，来自竞争者的影响也会对卖者自身商品的价格水平造成影响——"

托斯达老师突然停住了，看了看教室里的时钟，满脸遗憾地说："很抱歉，我们不能继续过多地阐述理论了，时间不够。还剩下的几分钟里，我们来谈一下常见的定价技巧吧！"

刘石心想："营销学果然是一门实用的学问，每个老师都讲究学以致用。"

"对一个普通的商家来说，他如果进行大量的统计调查，然后套用某个模式来计算商品的最优价格，是一件非常耗费成本的事情。有经验的商家总是靠着一些小技巧来定价，吸引更多的顾客。"托斯达老师明显加快了语速，"我们进入一家超市，看到商品的价格是不是总是零的？"

大家纷纷回答"是"，有几个学生小声说着"2.99 元""10.6 元"等。

"有没有人觉得奇怪，明明是 3 元的东西，商家非要表明价格 2.99 元——估计不会有任何顾客在乎这一分钱的。那么商家为什么这么做呢？"托斯达老师开始自问自答，"非整数法是一种极能激发消费者购买欲望的价格。这种策略的出发点是认为消费者在心理上总是存在零头价格比整数价格低的感觉。也就是产品计划定价 6 元，你可以定 5.9 元，价格低了一角钱，却会给顾客一个良好的感觉。对于高档商品、耐用商品等宜采用非整数定价策略，给顾客一种"一分钱一分货"的感觉，以树立商品的形象。"

"除此之外，弧形数字法、应时调整法、顾客定价法、特高价法、价格分割法和明码一口价格法都是零售商经常采用的定价方法，有志于路边摆地摊的同学，一定要去多多研究啊！"

托斯达老师的最后一句话引起学生们的满堂大笑。

在笑声中，下课铃声响了……

托斯达老师推荐的参考书

《**人员销售原理**》 托斯达著。本书中,作者以销售行为中的人治因素为核心,讲述了终端销售的营销学原理,为当时及后世的营销人员提供了宝贵的资料。本书具有巨大的参考价值,为营销学界所推崇。

第十八堂课

维尔老师主讲"定位"

> 需求是一切商业活动的本源。需求划分了市场,从而催生了生产商的定位行为。

罗兰德·斯诺·维尔(Roland Snow Vaile,1889—1970)

维尔在营销学方面的研究成果并不算多,但是与生俱来的大局观让他能够从全局的角度,客观地看待和梳理当时尚不完善的营销学系统。1930年,他的《市场组织》出版,标志维尔对营销理论的研究开始成型;后来,他出版的《美国经济中的营销活动》则更倾向于大众科普读物。

星期六,中午12点。刘石、赵哲、陈艳三人在学校对面的餐厅吃饭,准备参加营销培训的最后一堂课。

值得庆幸的是,以培训作为纽带,很多学员成了朋友,刘石、赵哲、陈艳三人就是其中的典型代表。他们相约培训结束后一同出游,遍历祖国的大好河山,陶冶情操、探讨人生。

从需求到市场细分

由于是星期六,饭店的生意本就火爆,再加上附近的饭馆也不多,刘石他们等了好一会儿才吃上。结果等他们回到教室的时候,老师和大部分学员都已经到了。就这样,在最后几名学员陆陆续续地回来之后,"最后一课"正式展开。

"同学们,大家好。我是罗兰德·斯诺·维尔,很高兴和诸位一起学习营销学的内容。"维尔老师嘴角微微翘起,说话慢条斯理,浑身上下透着一种成熟老练又不失温和的气质。"具体来讲,我们今天关注的主题是'定位'。"维尔一字一顿地说道。

学员们对最后一课的老师投入了更多的关注。维尔身着一套休闲西装,前额光亮。与其说他是个外国人,学员们觉得他更像是有着华人血统。

"由于营销活动是围绕着商品进行的,因此我们这里的'定位'指的也是商品在市场中所处的位置。当然,随后大家会了解到,一如物理学中有着绝对位置和相对位置的概念一样,营销学中商品的定位也有绝对与相对之分。不过,"维尔老师微微一笑,"在此之前,我们还需要先回顾一下,在第八堂课中,梅纳德老师曾经提到过的'市场细分'的概念。"

刘石想起来了,之前梅纳德老师在介绍市场细分的内容时,被下课铃打断了,

全冬梅老师评注

拈轻怕重是人的本能。如果可以进行差异化竞争,没人愿意直面挑战。

而且就他介绍过的那些内容来说,也显得有些不够严谨。难道是梅纳德老师拜托维尔帮他把这部分内容讲完的?

"营销活动的中心是商品,但是商品的源头却是来自消费者的需求。"在刘石陷入回忆的时候,维尔已经开始了他的表述,"因此,需求是一切商业活动的本源。对本课来说,需求划分了市场,从而催生了生产商的定位行为。"

"老师,您的意思是,商品定位源于细分市场,而需求则导致了市场的细分?"最后一课里,张梓表现依旧活跃。

"对,就是这样的。"维尔点点头,"而需求又是依附于消费者个体而存在的,因此受消费者所在的地理位置、年龄、经济状况、文化素养等因素的影响又有不同。正是这些千差万别的需求,划分出了一个个细分的市场。"

在对营销活动的"鸡与蛋"宗源问题大加着墨之后,维尔正式开始介绍市场细分的内容。由于有了这些铺垫,维尔对市场细分的介绍在理论性上要强出梅纳德不少。

"市场细分,是指营销者通过市场调研,依据消费者的需要和欲望、购买行为和购买习惯等方面的差异,把某一产品的市场整体划分为若干消费者群的市场分类过程。每一个消费者群就是一个细分市场,每一个细分市场都是由具有类似需求倾向的消费者构成的群体。"

"消费者的需求随年龄而变化,因此一些公司使用年龄和生命周期细分来制定不同的营销策略。比如,针对孩子,Oscar Mayer 提供 Lunchable——一种对儿童充满吸引力的有趣的手抓食物;对年长的顾客,则有 Deli Creation,即快餐三明治的一种。"

"当然,年龄细分是众所周知的划分市场的方式,但并不是所有的细分方式都如此简单和直观。事实上,即便是年龄细分本身,也是有着更为复杂的变种的。生命周期细分就是其中之一。迪士尼的海上巡航线项目将客户群体锁定于孩子处于 6~12 岁的家庭群体。在他们的产品广告中,你总能发现一家人挤在一起的笑脸。但同为巡游项目的 Viking,则把目标群体锁定为生育之前或孩子成年之后的单身贵族或夫妻二人。在它的宣传网页上,你找不到一张孩子的脸。"

"不同职业的消费者,由于知识水平、工作条件和生活方式等不同,其消费需求存在很大的差异,如教师比较注重书籍、报刊方面的需求,文艺工作者则比较注重美容、服装等方面的需求。"

"世界上大部分国家都拥有多个民族，贵国更是一个多民族的大家庭，除汉族外，还有 55 个少数民族。这些民族都各有自己的传统习俗、生活方式，从而呈现出各种不同的商品需求，如贵国西北少数民族饮茶很多等。只有按民族这一细分变数将市场进一步细分，才能满足各族人民的不同需求，并进一步扩大企业的产品市场。"

"此外，我们还能按性别将市场划分为男性市场和女性市场。不少商品在用途上有明显的性别特征。如男装和女装、男表与女表。在购买行为、购买动机等方面，男女之间也有很大的差异，如妇女是服装、化妆品、节省劳动力的家庭用具、小包装食品等市场的主要购买者，男士则是香烟、饮料、体育用品等市场的主要购买者。美容美发、化妆品、珠宝首饰、服装等许多行业，长期以来按性别来细分市场。"

"越来越多的企业，如服装、化妆品、家具、娱乐等行业，重视按人们的生活方式来细分市场。生活方式是人们对工作、消费、娱乐的特定习惯和模式，不同的生活方式会产生不同的需求偏好，如传统型、新潮型、节俭型、奢侈型等。这种细分方法能显示出不同群体对同种商品在心理需求方面的差异性，如美国有的服装公司就把妇女划分为朴素型妇女、时髦型妇女、男子气质型妇女三种类型，分别为她们设计不同款式、颜色和面料的服装。"

维尔看了看时间，决定精简一些授课内容。

"另外一个常见的划分细分市场的指标是收入情况。很多公司将富有的消费群体作为奢侈品和便利服务的目标人群。在芝加哥的四季酒店，儿童套房可以享受到卖冰激凌的人的到访服务，孩子们可以制作想要的任何一种混合口味的冰激凌。纽约的本杰明酒店则设有'梦想狗狗'项目，为宠物狗提供不同风格的床铺、浴衣、犬屋，甚至还有 DVD 播放和宠物 SPA。"

市场细分

市场细分来自需求细分。

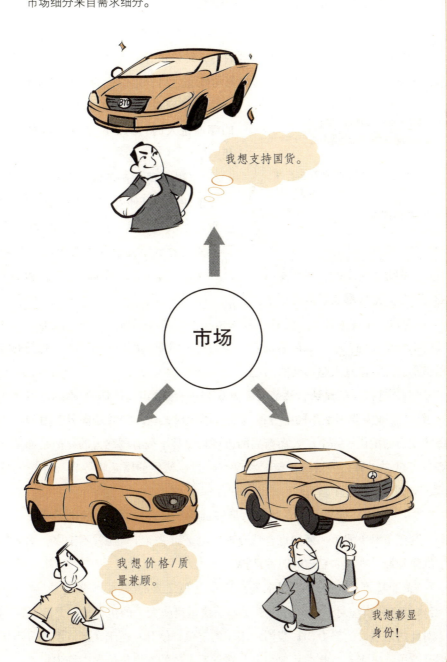

🔑 需求定位

"那么，"一口气讲述了这么多的内容，维尔也有一些气短，于是尽量不露声色地休息了一下，"在了解了市场细分的概念之后，定位行为就很好理解了：细分的需求形成了细分的市场，而选择其中的哪些进入的行为，就是企业对自身产品线的定位。"

全冬梅老师评注

还记得那个论断吗？卖方角度市场的中心是买方。而买方的中心则是需求。

"丰田公司生产不同品牌的汽车，"维尔慢条斯理地延伸着知识的触角，"但你不会听过仅被冠名为'丰田'字样的汽车品牌。从塞恩到雷克萨斯，每个品牌都对应着不同细分市场中的顾客。麦当劳致力于吸引快餐人群，而星巴克喜欢和小资人群打交道，这些都是定位的例子。"

"老师，企业为什么会选择进入大市场中的某一些细分市场，而不是选择另外的细分市场呢？是什么因素决定了他们对不同细分市场的选择？"初尧的脑子里似乎总能冒出别人想不到的问题。

"对，这位同学提到的就是定位的基础——细分市场评估。"维尔点点头，回答道，"企业需要评估不同细分市场的大小和成长性、它的结构吸引力和与自身资源实力的配比。一个广大而新兴的市场自然是十分有诱惑力的，但是如果其中竞争者过多，那么很快这片蓝海将变红。过度激烈的厮杀将导致无休止的价格战，从而影响企业的营收。"

"另一方面，如果企业对其实力足够自信，那么为了巨大的市场成长性，选择与其竞争对手放手一搏倒也合情合理。但是如果企业资源并不丰厚，那么这种准红海领域，则并非它们的明智选择。"

"企业特点与目标市场需求的对应也是很重要的。"维尔顿了顿，继续说，"经济型细分市场对于汽车行业来说是一块迅速膨大中的蛋糕。但是宝马品牌并未对此付诸多大的努力，其高档乘用车的定位，使其不适于在经济型细分市场中展开竞争。事实上，此类品牌注定要在创造卓越的客户价值的市场中拼杀。"

不就是挣所谓成功人士的钱嘛。刘石不以为然。当然，他又不能否认，现阶段中国的"成功人士"也太多了……

"在了解了大市场中的不同细分领域的特点以及对这些细分市场与企业自身特点的匹配程度之后，企业就可以着手选择进行需求定位，也就是进入那些由细分需求促生的市场了。大致来说，存在三种需求定位的方法，即无差异营销、差异化营销和集中性营销。"

说到这里，维尔拿起一次性水杯，充分地滋润了一下他那有些沙哑了的喉咙。

"名为无差异营销的市场定位方式意味着企业企图忽略细分市场，而选择着眼于整体的大市场。"喝完水，维尔的嗓音确实清脆了许多，"比如，自来水公司向所有居民提供需要二次处理才能安全饮用的水源。但大多数的现代营销理论学者对这一战略表示了强烈的质疑，因为并不是所有的行业（事实上，维尔指的是几乎所有行业）都可以轻易地培养出一个能够同时满足所有消费群体的产品或者品牌。其次，这种面向大市场的营销战略，在遭遇深耕某一细分市场的竞争者时，必然会遭遇失败。"

"确实，"刘石瞄了瞄维尔身前空了的一次性杯子，"您自己喝的就是桶装水……"

"因此，更多的企业采用差异化营销和集中性营销的需求定位方式。前者指的是一家企业对大市场中的所有细分市场都有染指，而且对其中的所有细分市场都制定不同的产品线，以最大限度的迎合所有消费人群的细分需求。后者则是哪些力求专攻于个别细分市场的企业所采用的方案。"

"老师，什么样的企业会选择差异化营销，而集中性营销又会赢得哪些类型企业的青睐呢？"初尧似乎有意成为最后一课的学员主角。

"这个问题的答案很容易推想出来。"维尔平淡的答道，"针对大市场上的所有人群提供细分服务，需要同时经营多种，有时甚至是大量的产品线。因此企业必须有足够的实力才能够负担得起如此规模的市场活动。相反，集中力量专攻个别细分市场，对企业的资本实力则没有那么高的要求。"

"也就是说，小公司适合采用集中性营销的方式，而大公司则可以进行差异化营销？"初尧表示出打破沙锅问到底的劲头。

"这么说也对，一般来说确实如此。但也有大公司专攻某一细分市场的案例。

比如，你不能否认 IBM 公司的雄厚实力，但是该公司的目标客户群体却总是企业用户，个人用户往往很难赢得它的关注。当然，相对地，小公司想要征服大市场，就没那么容易了。"

"说了这么多例外，到底还是同意了我的看法。"初尧心中不屑与得意交织着。

竞争定位

"老师，进入了细分市场，定位就结束了吗？"今天赵哲的状态极佳，他直截了当地通过提问来推动课业内容的发展。

"不是这样的。"维尔摇摇头，想了想，继续说道，"基于细分市场而做出的定位活动，只是第一轮定位。从根本上讲，它是基于细分需求的。但是同一客户需求可以引来诸多企业进入该细分市场。从这时开始，如何在众多竞争者中占据一席之地，甚至逐步实现独霸该市场的雄心壮志，就是企业接下来需要面对的问题了。"

"而实现这个目的的方法还是定位？"初尧瞪大了眼睛，对这个出乎他意料之外的结论表示惊奇。当然，在刘石看来，搞不好这是因为这家伙原以为自己已经包揽了这堂课所有的彩头，但又突然发现居然还别有洞天，于是把懊悔转变成另外一种自己更容易接受的感情抒发出来而已。

"对！"初尧虽然有动机不纯之嫌，但他的思路还是很犀利的，随即就得到了维尔老师的肯定。"而与之前的基于需求的定位活动不同，这一轮的定位则应被视为是基于竞争的，即竞争定位。"

"AMD 公司当然也希望自己能够把 Intel 公司挤出通用微处理器市场。"维尔平静地介绍着，"但众所周知的制度弊端让这家充满创意的公司一直在这个市场上屈居人后。于是，这家公司的管理层不得不推出 APU 产品作为寻求市场内部差异化的解决方案。

刘石心中暗暗点头。对于APU，他还是有所了解的。近些年来，AMD公司在处理器的主要指标如性能、功耗上逐渐被Intel公司甩开，并且越落越远。尽管未必会直接承认，但几乎所有"A fans（AMD公司的忠诚拥护者）"都在心里默默地感怀着这家公司的最终落败。另一方面，作为一家营利性的企业，AMD公司即便无法在处理器性能上与Intel公司抗衡，但为了获得能够看得过去的财报，他们必须努力寻找其他生存空间。于是，整合其CPU与GPU资源，并推出具有高图形处理能力、低功耗，且整数处理能力也能够满足人们日常工作和生活的需要的处理器产品就成了该公司的生存手段，也是其在处理器市场中为自己寻找到的值得肯定的定位。

"于是，随着市场内部的竞争者们纷纷寻求自己的二次定位，该细分市场再一次被割裂开了。"说到这里，维尔笑了。看着竞争带来的好处，作为营销研究者的他不免欣慰。

全冬梅老师评注

以己之长，攻彼之短。商业竞争和武装斗争一样，都需要一定的战争智慧。

小米VS魅族

充分发挥自身优势，自然就形成了竞争定位。

"这一次的市场细分是由于竞争而形成的,消费者对再次细分的产品线本身并没有产生需求,二次细分市场上的交易之所以能够达成,是因为采取了竞争定位策略的企业,在定位自身的过程中,从外部赋予了消费者相应的需求。比如,最开始人们并不觉得乘用车需要有野外和豪华之分,但是出于竞争定位的考虑,SUV 的概念被提出,从而划分了一个全新的二次细分市场。"

培训总结

"好了,"维尔合上教案,面向大家,无声地把微笑保持了很久,才开口说道,"我负责执教的定位课程,讲到这里就算是结束了。"他再一次看了看时间,"为了和大家道别,也算是这轮培训的一次总结,我在这里代表所有任课老师向各位谈一谈我们的期望。"

看到老师脸上显出了真诚的笑容,学员们纷纷坐直身子,以虔诚的心态来接受这最后的宣讲。

> **全冬梅老师评注**
>
> 想要站得高,必先站得稳。否则一切都是空中楼阁。

"就像大家所知的那样,营销学直到 20 世纪初才开始向世人展示出其蓬勃发展的生命力,"维尔边回忆边陈述道,"在不到一百年的时间里,已经有无数的理论被提出、无数的问题得到解答。但是,"维尔话锋一转,语义指向了他此番宣讲的最终目标,"大家一定也发现了,目前的营销学体系,在很大程度上是源于实践的——当然我不是说这是错的。很多学科,甚至营销学的上级学科经济学本身就是基于实践的实验科学。但是这些学科都已经建立起了坚实的理论基础。"

对于维尔的这个结论,学员中鲜有反对之声。经济学在对人类生产、生活贡献大的学科中算是发展得晚的,但是研究者已经为其学科体系找到了心理学和数学的基础。

"但是营销学则不然,相关追本溯源的工作仍然不足以支撑这个正在高速发展的学科的庞大身躯。繁容的市场经济使营销活动与日俱增,每天人们都会面临新的营销问题。为了尽快解决这些问题,一线营销人员和观察者们提出了一个又一个的临时性的假设和方案,这都是正确的行为。但是,这里一定有问题,各位能够意识到吧?"维尔严肃地看向学员们。

"确实有危险。"在老师叙述问题的同时,刘石已经意识到危机的存在。

一棵树,只有根系足够发达,才能支撑起庞大的树冠,否则总有一天参天大树也会轰然倒塌。刘石眼前浮现出营销学科出现大规模崩溃的情景:交易活动凋敝,经济发展减缓,又一次大萧条席卷全球……

"当然,问题也不会有灾难般的严重。"维尔知道他们已经意识到了问题的所在,要从学员的意识中剔除一些杞人忧天的成分,"毕竟,虽然凌乱,但人们迄今为止理解到的营销知识还是有着足够的正确性和指导意义的,因此大家不必担心由于营销学体系出现问题而导致整体经济受到大的影响。只是,"维尔话锋一转,目露戚然,"营销学者的尊严却会受到严重的践踏,这同样是我们无法接受的。"

"原来是担心自己失职,并可能因此被后人指责啊。"在维尔说了这么多之后,刘石终于明白了他的意思。

"不过没关系,"维尔看着台下的学员,激动地说,"因为有你们!一代又一代的年轻人终究会通过自己的努力撑起营销学的天空,让它不至于成为其他领域的学者的笑料。而且,"维尔面带微笑地说出了最后的观点,"营销学知识对专注于其中的人们也是有巨大价值的。不是吗?"

维尔最终还是从人们的视野中消失了。同时远去的还有这一整轮培训。但是学员们没有太过失落。艾格纽、斯科特、莱昂、维尔等人在知识培训的间隙不断传递给学员的"后人应为前人所不能为"的思想振作了他们的精神,启迪了他们的心智。

座位上、人群中,刘石的目光从一个又一个学员的脸上划过,耳边回荡着涵义深远的古老格言:"长江后浪推前浪,一代新人换旧人。"

维尔老师推荐的参考书

　　《**市场组织**》 维尔著。本书中,作者从客观的角度讲述了常见市场的组织形式,讨论了市场组分之间的关系,并对市场细分、营销定位等营销行为有所提及。本书结构严谨,条理清晰,理论性强,但其中部分结论已显陈旧,因此仅适合对营销学感兴趣的人士阅读。

结束语

课程结束后不久,假期也结束了。

等开学之后,刘石重新回到那个神秘的课堂所在地,却找不到一丝存在的痕迹了,很让他怀疑那只是一场梦,不过那些大师们的音容笑貌、风采学识却给他留下了不可磨灭的印象。

这让刘石在自得之中,又满是惆怅。在十八节课的时间里,他理解了营销学的真谛,结识了许多求知的朋友,瞭望到了无穷的知识海洋,也坚定了在营销学上有所作为的信心——他觉得去做一个出色的销售者是自己感兴趣的事,也是获得这次听课机会的责任。

刘石很自然地报了营销学的选修课程,而在那里他将会获得新的知识、新的能力,结识新的朋友,飞向新的天空!

这是一本介绍营销学大师及其思想精华的图书。它虚拟了18堂神秘课堂，每堂课都围绕一个主题展开，并挑选一位合适的营销学大师讲授。在授课的过程中，听课人与大师们还有互动和交流。虽然，那些大师们是带着"任务"前来授课的，但他们可不是如此"听话"的嘉宾，还会时不时说些自己的趣闻、趣事，如果你喜欢听这些方面的故事，可千万别错过了本书！

图书在版编目（CIP）数据

营销学原来这么有趣：颠覆传统教学的18堂营销课 / 刘文秀著.
北京：化学工业出版社，2015.6（2016.5重印）

ISBN 978-7-122-23508-4

Ⅰ.①营… Ⅱ.①刘… Ⅲ.①市场营销学 Ⅳ.①F713.50

中国版本图书馆CIP数据核字（2015）第066525号

责任编辑：张　曼　龚风光　　　　　　封面设计：溢思视觉设计工作室
责任校对：战河红

出版发行：化学工业出版社（北京市东城区青年湖南街13号　邮政编码100011）
印　　装：大厂聚鑫印刷有限责任公司
710 mm×1000 mm 1/16　印张 14½　字数 250千字　2016年5月北京第1版第3次印刷

购书咨询：010-64518888（传真：010-64519686）　　售后服务：010-64518899
网　　址：http://www.cip.com.cn
凡购买本书，如有缺损质量问题，本社销售中心负责调换。

定　价：32.80元　　　　　　　　　　　　　　　　　版权所有　违者必究